A INSTRUÇÃO DOS CATECÚMENOS

Dados Internacionais de Catalogação na Publicação (CIP)
(Câmara Brasileira do Livro, SP, Brasil)

Agostinho, Santo, 354-430.
  Instrução dos catecúmenos : teoria e prática /
Santo Agostinho ; tradução do original latino e notas por
Maria da Glória Novak ; introdução Hugo de V. Paiva. –
Petrópolis, RJ : Vozes, 2020. –
(Coleção Clássicos da Iniciação Cristã).

  1ª reimpressão, 2024.

  ISBN 978-65-5713-053-7

  Bibliografia.
  1. Agostinho, Santo, 354-430
2. Catecúmenos 3. Catequese – Igreja Católica –
História. I. Novak, Maria da Glória. II. Paiva, Hugo de
V. III. Título.

05-3362   CDD-268.82

Índices para catálogo sistemático:
1. Catequeses : Igreja Católica : Cristianismo
268.82

SANTO AGOSTINHO

A INSTRUÇÃO DOS CATECÚMENOS

Teoria e prática da catequese

Tradução de Maria da Glória Novak

Introdução de Pe. Hugo de V. Paiva

Petrópolis

Tradução do original em latim intitulado:
De Catechizandis Rudibus

© desta tradução:
1973, 2020, Editora Vozes Ltda.
Rua Frei Luís, 100
25689-900 Petrópolis, RJ
www.vozes.com.br
Brasil

Todos os direitos reservados. Nenhuma parte desta obra poderá ser reproduzida ou transmitida por qualquer forma e/ou quaisquer meios (eletrônico ou mecânico, incluindo fotocópia e gravação) ou arquivada em qualquer sistema ou banco de dados sem permissão escrita da editora.

Conselho editorial	**Produção editorial**
Diretor	Aline L.R. de Barros
Volney J. Berkenbrock	Marcelo Telles
	Mirela de Oliveira
Editores	Otaviano M. Cunha
Aline dos Santos Carneiro	Rafael de Oliveira
Edrian Josué Pasini	Samuel Rezende
Marilac Loraine Oleniki	Vanessa Luz
Welder Lancieri Marchini	Verônica M. Guedes
Conselheiros	**Conselho de projetos editoriais**
Elói Dionísio Piva	Luísa Ramos M. Lorenzi
Francisco Morás	Natália França
Gilberto Gonçalves Garcia	Priscilla A.F. Alves
Ludovico Garmus	
Teobaldo Heidemann	

Secretário executivo
Leonardo A.R.T. dos Santos

Diagramação: Sheilandre Desenv. Gráfico
Revisão gráfica: Alessandra Karl
Capa: WM design

ISBN 978-65-5713-053-7

Este livro foi composto e impresso pela Editora Vozes Ltda.

Sumário

Prefácio **7**

Introdução **11**

Bibliografia **31**

Glossário **33**

Texto – A instrução dos catecúmenos **47**

Índice escriturístico **159**

Índice analítico **167**

Índice sistemático **179**

Prefácio

É com grande alegria que vemos aparecer em português uma das mais curiosas e interessantes obras catequéticas da época da patrística que é o *De Catechizandis Rudibus* de Santo Agostinho. Este escrito se coloca muito bem dentro do espírito desta coleção da Editora Vozes que visa oferecer aos leitores de língua portuguesa os tesouros das fontes da catequese.

Não precisamos dizer que a renovação da catequese participa das transformações pelas quais passam o mundo e a Igreja que vive no mundo de hoje. Vivendo na carne as mutações de uma época de transformações muito rápidas sentimos que nossa catequese precisa adaptar-se profundamente ao homem de hoje. A palavra adaptação talvez não seja a mais feliz para exprimir a orientação que deve tomar o esforço catequético da Igreja. Tendo-se "reconciliado com o mundo" a Igreja precisa seriamente auscultar e perscrutar o coração do homem, o coração dos grupos humanos, o sentido do projeto de felicidade desses mesmos homens para poder dar-lhes luz na caminhada através do tempo, na construção do Reino. Diríamos que a catequese em nossos dias não se pode perder em detalhes, mas precisa ir ao essencial. Precisa tocar os pontos mais querigmáticos. Precisa jogar a luz da fé no encadeamento de uma história que busca continuamente sentido. Santo Agostinho escreveu a obra que ora apresentamos fazendo com que seus ouvintes percebessem a ação de Deus em sua vida passada. É a partir da história de Deus na vida de cada um que será possível mostrar a ação de Deus na história do mundo. E essa iniciação cristã é para Agostinho eminentemente bíblica. O objeto da catequese é a história da salvação. Ele vai ao essencial, mas não fica numa mera volta às fontes escriturísticas. Liga a História da Salvação com a história da Igreja de seu tempo. Há uma contínua preocupação de mostrar a unidade do desígnio de Deus, que vai sendo realizado através dos tempos. As fontes escriturísticas continuam sendo o ponto de referência privilegiado de nossa catequese. Elas lançam luz, elas orientam a leitura que hoje fazemos dos sinais dos tempos. Mas o tratado de Santo Agostinho quer tornar a catequese interessante, atraente. Enumerando as diferentes razões que podem provocar o enfado no auditório dá também os remédios correspondentes. Trata-se, pois, de uma tentativa de elaborar um manual de regras de motivações de auditório. Trata-se de adaptar-se aos ouvintes. Trata-se de fazer uma catequese encarnada.

Temos a mais profunda convicção de que todos os leitores aproveitarão muito destas páginas. Os leitores do século XXI saberão tirar delas lições muito importantes para seu empenho atual de renovação da catequese. E é precisamente essa a finalidade desta obra.

Frei Almir Ribeiro Guimarães, O.F.M.

Introdução

1. Razão da obra

Por volta do ano 405, em Cartago, o diácono Deogratias se angustiava porque, encarregado de ensinar os rudimentos da fé aos candidatos ao catecumenato, tinha a impressão de aborrecer seus ouvintes. Gozava da reputação de sólido conhecimento da fé e de talento para falar, mas se sentia "diminuído e cheio de desgosto", porque ignorava a maneira exata de catequizar: Por onde começar? Até onde levar a narração? Deve terminá-la com uma exortação ou com uma exposição dos preceitos?

Decidiu-se, então, escrever a seu amigo Agostinho, Bispo de Hipona, e expor-lhe seu problema. Santo Agostinho havia observado que outros catequistas, de cuja competência não duvidava, estavam em idêntica situação. Em face da importância do assunto, pois se tratava da transmissão da fé, não recusou colocar tempo e reflexão à disposição de Deogratias. Naquela época, o movimento de conversão de adultos atribuía importância excepcional à catequese. Os maiores doutores da Igreja, Cirilo de Jerusalém, Ambrósio de Milão, João Crisóstomo, Teodoro de Mopsuéstia, Agostinho etc. deixaram-nos obras que permitem ver o lugar da função catequética na vida da Igreja desse período.

Em resposta a Deogratias, Santo Agostinho redigiu o *De Catechizandis Rudibus,* tratado teórico e prático sobre o modo de catequizar, reeditado pela Vozes sob o título de *A instrução dos catecúmenos.*

2. Uma pequena obra-prima

Segundo João Daniélou, estudioso da literatura patrística, o *De Catechizandis Rudibus* é uma pequena obra-prima, que retrata de modo admirável o gênio teológico e a aguda penetração psicológica de Santo Agostinho. Não contém apenas uma enumeração de conselhos e técnicas isoladas, mas constitui um trabalho harmonioso e completo, simples e breve, em que método e conteúdo jamais se ignoram. Marca o ápice de um movimento de evangelização, cujos elementos essenciais encontramos já nos escritos do Novo Testamento[1]. No fim do século IV desapareceu o predomínio da catequese moral próprio dos textos clássicos, como a *Didaqué*. Desde o início do século III, fixaram-se as estruturas do catecumenato, como noviciado da vida cristã, segundo a tríplice dimensão de instrução da Fé, introdução na oração litúrgica e conversão dos costumes. A História da Salvação de que encontramos vários pequenos resumos na literatura do Novo Testamento[2] se desenvolveu a tal ponto que constituía o núcleo essencial da proposição da Fé, resumida nos vários símbolos.

De Catechizandis Rudibus recapitulou e sintetizou, no plano da pedagogia da fé, o que de melhor a Igreja havia adquirido nesses quatro primeiros séculos de experiência catequética. Por suas bases teológicas e antropológicas, pelo espírito que o anima pode ser apontado como o mais perfeito documento catequético dos primeiros séculos. E porque vai direto ao modo de agir de Deus na História da Salvação segundo a experiência judeu-cristã, para daí inferir o caminho que deve seguir Deogratias, encerra valores permanentes e modelos que ainda hoje podemos seguir em grande parte.

---

1. TURCK, A. *Evangélisation et catéchèse aux deuxpremiers siècles*. Paris: Ed du Cerf.
2. Cf. por exemplo: Lc 24,25-28; At 7,2-53; 13,16-42.

3. Plano

Trata-se, como foi dito, de um tratado teórico e prático, simples e harmonioso, da maneira de catequizar. Após a introdução, que nos dá a razão da obra, Santo Agostinho a dividiu em fundamentação e aplicação.

A fundamentação divide-se em três partes:

1. como conduzir a narração;
2. arte de dar preceitos e exortar;
3. meios de adquirir alegria ou bom humor.

Ele mesmo se dá o trabalho de aplicar os princípios que acabou de expor, fornecendo a Deogratias um modelo longo e outro breve de catequese.

4. A tradução

A tradução brasileira é de Maria da Glória Novak, cujos méritos são conhecidos dos leitores de duas outras obras: as traduções da *Peregrinação de Etéria* e da *Tradição apostólica de Hipólito de Roma*. Maria da Glória Novak conseguiu dar-nos, em linguagem moderna, o pensamento lúcido, muitas vezes sutil, do grande Bispo de Hipona. Não é empresa fácil transportar para o português legível, sem trair o autor, a complicada construção latina com suas orações infinitivas em série, com o jogo dos seus particípios ativos e passivos, e na pena de um Agostinho que faz da língua brinquedo que não nos deixa dormir.

Evidentemente, tradução nenhuma é capaz de nos dar, noutro idioma, toda a riqueza do original. Basta que nos dê o pensamento do autor sem distorções, sem traição. Eis por que considero vitorioso o esforço da tradutora deste encantador pequenino tratado. Leem-se de uma assentada e deixam-se estas páginas com saudade.

Feliz a ideia da tradutora de nos fornecer, em Glossário pacientemente confeccionado, subsídios preciosos para a compreensão do texto que dista de nós nada menos que 16 séculos e notas explicativas da versão de certos torneios e alusões menos claras de *per se*. Não nos podia dar, por certo, o sabor dos trocadilhos (nem todos do melhor gosto) e das aliterações em que era fértil o estilo trepidante de Agostinho. Impossível traduzir, por exemplo, *est bona dictio, non benedictio,* em irônico jogo de palavras portuguesas. Deu-nos, todavia, com êxito total, a luminosa lição de evangelização e catequese, com vivacidade, lucidez e incomparável fidelidade.

5. *"A instrução dos catecúmenos"?*

O título *A instrução dos catecúmenos*, escolhido pelos editores, não traduz exatamente o original *De Catechizandis Rudibus*. Santo Agostinho não pensava nos catecúmenos propriamente ditos, mas nos *rudes*, isto é, nos que vinham para se informar sobre os "rudimentos" da fé, antes de se decidirem a entrar no catecumenato ou catequese organizada em vista do batismo.

A catequese no século IV apresentava-se como pastoral completa da entrada na vida cristã, constituindo uma estrutura em quatro etapas.

À primeira pertenciam os ouvintes de Deogratias, em Cartago, isto é, pagãos que vinham à procura de melhores informações. Por isso denominavam-nos *accedentes*. Santo Agostinho os chamou de *rudes* porque careciam dos rudimentos da fé, podendo ser cultos ou não nas ciências profanas. As orientações de *A instrução dos catecúmenos,* todavia, ultrapassam esta etapa e são válidas para toda a catequese.

De "accedentes" ou "rudes", os candidatos que confirmavam a própria conversão e desejavam preparar-se logo para o batismo entravam no catecumenato. Podiam participar das assembleias dos fiéis, assistindo à liturgia da Palavra. Chamavam-se *catechumeni* no Oriente e *auditores* no Ocidente.

Na *Tradição apostólica* de Hipólito de Roma[3], os leitores encontram uma descrição sucinta do catecumenato em meados do século III.

---

3. Petrópolis: Vozes, 2004, p. 56ss.

A terceira etapa começava no início da quaresma. A *Peregrinação de Etéria*[4] no-la descreve em pormenores na Igreja de Jerusalém. Os *auditores* passavam, então, a chamar-se *competentes* ou *electi*, em grego *photizomenoi*, isto é, os que serão iluminados.

Finalmente, após o batismo na noite de Páscoa, os neófitos eram instruídos a respeito dos mistérios ou sacramentos.

Parte I: Pedagogia bíblica da salvação ou como narrar

A instrução dos catecúmenos não enuncia uma novidade ao dizer que a catequese começa no Gênesis e termina nos tempos atuais da Igreja. O uso comum, quer no Oriente quer no Ocidente, fazia, então, da História da Salvação o conteúdo da catequese. "Começando no Gênesis [diz Etéria para a Igreja de Jerusalém] percorre inteiramente as Escrituras"[5].

O que é específico de Agostinho é a elaboração de uma síntese refletida e profunda dos princípios que orientam a narração catequética da História da Salvação. Ele a divide em dois momentos: a *narratio* ou exposição dos acontecimentos salvíficos e a *expectatio* ou a esperança da ressurreição que gera o amor.

---

4. Petrópolis: Vozes, 2004, p. 117ss.
5. *Peregrinação de Etéria*, n. 46, 2.

A *narratio* destina-se a despertar a fé como fundamento da esperança e do amor: *credendo speret et sperando amet*. São três, em substância, as leis que orientam a narração: ir ao essencial; fazer ver a unidade de desígnio de Deus; desvelar seu objetivo.

1. Ir ao essencial

"A narração é completa quando parte do versículo *no princípio Deus criou o céu e a terra* e vai até os tempos atuais da Igreja." Não é que se vá dizer tudo, deter-se em pormenores e perder-se na (discussão das questões difíceis: "nem o tempo o comporta, nem o reclama qualquer necessidade".

Exposição elementar, mas completa, a catequese vai direto "aos fatos mais admiráveis", *mirabiliora* entre as *mirabilia Dei,* isto é, acontecimentos mais carregados de significações religiosas e reveladores do desígnio de Deus.

Estes são a criação de Adão, o dilúvio, a aliança com Abraão, a realeza e sacerdócio de Davi, a libertação do cativeiro, a Encarnação e Ressurreição. Acontecimentos que se situam nas articulações das sete épocas capitais em que Agostinho dividia a História: de Adão a Noé; de Noé a Abraão; de Abraão a Davi; de Davi ao Cativeiro de Babilônia; do fim do cativeiro a Cristo; de Cristo à Parusia.

Não mencionou o Êxodo, embora a ele se refira com frequência. Nesses acontecimentos o que importa é fazer emergir o apelo de que são portadores, de maneira a suscitar nos ouvintes a admiração pelo que Deus fez e alimentar, não a curiosidade, mas a fé. Em uma palavra, o catequista deve ir ao essencial e revelar seu conteúdo teológico.

2. Unidade de desígnio

Os acontecimentos da Salvação, as *mirabilia Dei*, não constituem uma sucessão de intervenções arbitrárias de Deus na história humana. Nos fatos da história de seu povo, o profeta descobre um princípio religioso de unidade, uma realidade interior, um sentido presente e agindo desde o começo e que se vai desvelando. Há como que um fio condutor que faz descortinar um caminho que remete sempre para além, para Deus, de tal modo que os acontecimentos são a um tempo realizações parciais e sinais. Em outras palavras, realizam e prometem, antecipam e comprometem, revelam e ocultam um desígnio de amor que não é outro senão Cristo, verdadeiro sentido e decifração da História. Nele se totalizam e se recapitulam o ontem, o hoje e o amanhã: "eu sou o Alfa e o Ômega. Aquele que é, que era e que vem" (Ap 1,8).

Santo Agostinho expressa seu pensamento sobre a unidade dos acontecimentos salvíficos do Antigo e do Novo Testamento em algumas frases que ficaram célebres, como, por exemplo: "No Antigo Testamento esconde-se o Novo, e no Novo encontra-se a manifestação do Antigo". O mesmo desígnio vai de um termo a outro, o mesmo amor age sempre impulsionando a História para a frente.

3. Unidade universal da Salvação

A unidade das Escrituras realiza-se dentro de uma unidade mais ampla que é a totalidade da história humana. Santo Agostinho, de fato, assinala como começo e termo da salvação ou perdição não Abraão e o Cristo histórico, mas a criação e a parusia: "há desde o início do gênero humano e haverá até o fim dos séculos duas cidades, uma dos iníquos, outra dos santos". As duas vivem em oposição dialética. Não posso como os maniqueus separar em dois campos distintos o exército dos bons e o dos maus: "misturados agora pelos corpos, mas separados pela vontade, serão no dia do Juízo separados também pelo corpo".

Abre-se, pois, a História da Salvação com o versículo "no princípio Deus criou o céu e a terra" e com Adão, isto é, com a origem da humanidade e termina na esperança da ressurreição. Inaugura-a, assim, um acontecimento cósmico e termina-a outro acontecimento cósmico. Daí sua dimensão universal, cósmica. O Cristo, centro dessa história, é o Cristo cósmico, plenitude da ação criadora, "por quem todas as coisas existem, e nós outros igualmente existimos" (1Cor 8,6). Cristo cósmico ainda porque em sua ressurreição a natureza já foi glorificada.

Nesta formulação da História da Salvação, a catequese apresenta uma característica cósmica e antropológica que, hoje, começamos a redescobrir. A obra criadora referida, simultaneamente, a Deus e a Cristo encerra um paradoxo aparente: de que modo pode Jesus Cristo, que vem ao mundo após milênios de história humana, ser aquele "por quem tudo existe, e nós igualmente existimos"?

É preciso entender esse paradoxo para se compreender o esforço de renovação da catequese contemporânea.

A pesquisa das causas da ausência da referência da obra criadora a Cristo ajudaria a compreender por que tantos ainda se escandalizam com a insistência da catequese contemporânea no que denominam de "horizontalismo". O apelo aos sinais dos tempos e à necessidade de considerar "as situações históricas e as aspirações autenticamente humanas como primeiros sinais a que se deve prestar atenção para descobrir o desígnio de Deus sobre os homens"[6] faz parte da tarefa de restituir à catequese seu caráter cosmológico e antropológico e, ao mesmo tempo, cristológico e teocêntrico, que já aparece nas mais antigas confissões de fé da Igreja[7].

4. Manifestar o desígnio de Deus

Santo Agostinho sabia que entre os ouvintes de Deogratias muitos tinham reservas a respeito do cristianismo, os hereges, por exemplo, e para esses era necessária uma justificação da fé. Não é recorrendo a demonstrações racionais que o fará, mas revelando o desígnio de amor, como uma realidade permanente realizando a unidade e continuidade da história. A narração visa, pois, fundamentar a fé, suscitar a esperança e alimentar o amor. Terá como fim revelar o amor: "que maior causa pode haver da vinda do Senhor senão mostrar-nos Deus o seu amor" (cap. 4,7). É também para a caridade que devemos voltar o "olhar daquele que instruímos pela palavra": "Por esse amor, portanto, como por um alvo proposto, pelo qual digas tudo o que dizes, o que quer que narres faze-o de tal forma que aquele que te ouve, ouvindo creia e, crendo, espere e, esperando, ame" (cap. 4,8).

---

6. Medellín, doc. 8.
7. Cf., por exemplo, 1Cor 8,6 e Símbolo de Niceia.

Os acontecimentos são, por conseguinte, fundamento de nossa confiança e garantia da esperança na realização futura. São também figuras das realidades que hão de vir. Assim a Igreja está prefigurada no povo que nasceu de Abraão. No desígnio de amor de Deus já preexistia o Pentecostes, desde a origem da humanidade: "Ecclesia ab Abel". Sua cabeça é Cristo, mas seus membros pertencem ao Antigo e Novo Testamento e, de certo modo, a humanidade toda, "todos os homens e todos os espíritos que procuram humildemente a glória de Deus, não a sua, e que O seguem piedosamente pertencem a uma mesma sociedade" (cap. 19,31).

O objetivo da catequese da História da Salvação é, pois, suscitar uma expectativa ou uma vida, cheia de fé, esperança e amor que, a partir da manifestação das Escrituras, descobre o Amor agindo em toda a história humana.

Parte II: A fé se exprime na vida

A preparação para o batismo, segundo os documentos mais antigos, praticamente se reduzia a uma catequese moral. No tempo de Santo Agostinho, a moral não é senão o aspecto moral de uma única catequese doutrinal. É a aplicação da doutrina na vida cotidiana. Realmente não há moral cristã autônoma. Daí não encontrarmos em *A instrução dos catecúmenos* um ensino à parte sobre a moral. Não há comentário do Credo separado dos Dez Mandamentos. Tal catequese é estranha à experiência mais autêntica da Igreja.

A fé ou se exprime na vida ou não existe. A mensagem é, há um tempo, proclamação da salvação e apelo à mudança de costumes. Por isso crer é uma atitude de vida conforme ao que se crê e sobretudo àquele em quem se crê.

Santo Agostinho aborda a moral em dois momentos. No início da catequese ela visa estabelecer a retidão da intenção ou provocá-la. Daí a necessidade de verificar a intenção dos candidatos: Apresenta-se por temor de Deus? Por interesses materiais? Procura a verdadeira segurança? ou um repouso ilusório? No início a retidão moral é necessária para que a Palavra seja ouvida. Depois, para uma encarnação na vida a fim de que a Palavra não fique letra morta.

Parte III

Se ainda é permitido recorrer às categorias clássicas da escolástica, pode-se distinguir em catequética um duplo aspecto: um material ou o conteúdo; outro formal ou a maneira de transmitir. A lei do conteúdo é que deve transmitir integralmente a mensagem. Vimos em que sentido Santo Agostinho entendia a "narração completa". Deve ser também ortodoxamente íntegra: "ainda que um anjo baixando do céu anunciasse um evangelho diferente que ele seja rejeitado"[8].

A verdade do ato catequético não pode reduzir-se, porém, a uma exigência de ortodoxia, como se sua função fosse apenas repetir sem erro um conteúdo recebido.

A dificuldade de Deogratias referia-se, aliás, não ao que, mas ao como ensinar. Santo Agostinho, em resposta, ensina a Deogratias que deve modelar-se nas maneiras de agir de Deus e ser como o sopro do Espírito. Vimos, acima, que se preocupou, antes de tudo, em estabelecer as leis da narração segundo o modo de Deus conduzir o povo à salvação.

O homem chamado ao Reino de Deus é, porém, um "ser datado e situado". Deogratias deverá prestar atenção a uma infinita variedade de circunstâncias concernentes à origem, sexo, idade, cultura, motivos de conversão. Sua catequese não pode ser intemporal, a-histórica e anônima.

1. *Partir do homem concreto*

A catequese leva a boa-nova aos homens tais como são. E isto por uma dupla exigência, pedagógica e teológica. A História da Salvação pessoal e a da humanidade

---

8. Cf. Gl 1,8-10.

estão em estreita relação com a experiência bíblica de salvação. Por isso o catequista levará o homem que quer encontrar-se com Deus a primeiro encontrar-se a si mesmo. Começa, pois, pelo exame dos motivos da procura do cristianismo e esforçar-se-á por descobrir a ação de Deus na vida dos candidatos. Esta é que servirá de exórdio ao diálogo da fé, que o fará descobrir a presença ativa de Deus na própria existência pessoal e na história real da humanidade.

O próprio Agostinho descobriu o mistério da graça por este caminho: nas *Confissões* medita sobre sua vida e descobre Deus em seu coração inquieto. Na *Cidade de Deus* os sofrimentos e guerras, as conquistas da humanidade, os desafios do espírito atribulado dos homens o levam a Deus que age na história.

A questão do homem é sempre a primeira e mais fundamental para aquele que coloca a questão de Deus. Ao se preocupar com as condições de vida do candidato, com suas motivações, Santo Agostinho é contemporâneo nosso. Hoje, os catequistas estão convencidos de que não podem ignorar as alternativas de realização e promoção do homem em determinada situação e contexto históricos e que uma análise ou conhecimento do homem concreto graças aos dados da psicologia, sociologia, política, economia deve antecipar e acompanhar o anúncio da salvação.

Ao recomendar a Deogratias que parta do homem como aí está, e ao justificar este conselho, Santo Agostinho tocou num princípio hoje teológica e psicologicamente caro à pedagogia catequética: "o ponto de partida metodológico não é um núcleo querigmático mas o homem em situação".

2. Adaptação ao auditório

Feito para exprimir a obra de Deus, o método catequético se inspira, como vimos, nas maneiras de agir de Deus. Feito para dirigir o homem na descoberta da vida de fé, adapta-se à infinita complexidade do coração e do espírito dos ouvintes. O catequista deve conhecer a vida profunda dos ouvintes, suas aspirações, anseios e as implicações de sua vida sociocultural.

Estabelecerá, a partir desse conhecimento, uma comunicação cordial, de tal modo que haja um clima de simpatia e cálida amizade, transparência, em palavras e gestos, da própria simpatia e amor de Deus para com os homens.

A esse clima Santo Agostinho denomina de *hilaritas,* isto é, clima de alegria e bom humor, oposto ao clima de enfado do auditório de que se queixava Deogratias e que terminava por torná-lo também enfadado.

3. Adaptação aos ouvintes

Há três categorias de ouvintes que a comunicação da fé deve levar em conta de modo particular. Além disso, sempre deverá considerar que não é a mesma coisa o ensino quando é oral ou escrito, público ou privado, dirigido a uma pessoa ou a muitas, à gente do campo ou da cidade, a homens cultos ou ignorantes.

Merecem particular atenção de Agostinho três categorias de auditórios: o ordinário com que se insistirá na pureza de intenção e nas verdades fundamentais. O auditório culto costuma "tudo investigar cuidadosamente". Sabe comunicar suas dúvidas e discuti-las. Não ter a pretensão de ensinar-lhes o que já sabem nem lhes falar em tom magistral. E preciso estar informado sobre suas leituras e ser capaz de mostrar nelas o que entra em choque com a verdade cristã.

O auditório que não é nem ignorante nem culto oferece maior dificuldade. A formação dele é sobretudo retórica e superficial. Usam a palavra com facilidade e habilidade, mas palavra vazia, dialética que não passa de jogo de palavras. É preciso insistir para que "assumam com empenho a humildade", que aprendam a ouvir e a descobrir o essencial: "as ideias devem ser postas acima das palavras... É preferível ouvir palavras mais verdadeiras que elegantes, como é preferível ter amigos mais prudentes que belos".

4. As seis causas do enfado

Deogratias se queixa de enfadar os ouvintes e de, no fim, sentir-se ele mesmo enfadado. Santo Agostinho inicia por explicar-lhe que há uma invencível limitação humana numa sugestiva descrição da precariedade do mecanismo da comunicação. Depois detém-se na investigação do enfado. Enumera seis causas possíveis de enfado e tristeza e apresenta os remédios adequados. Fornece conselhos práticos e até rotineiros, como fazer os ouvintes assentarem-se. (Na época, a catequese era longa e ouvida de pé.) Mas o combate às causas do enfado lhe oferecem, sobretudo, a oportunidade de aprofundar a espiritualidade do catequista. Se o catequista se enfada pode ser, em primeiro lugar, por não conseguir que o compreendam ou, então, porque tem medo de falar, preferindo ler. Em terceiro lugar, o enfado ocorre quando se vê forçado "a descer", a "repetir noções comuns e próprias para crianças". Outras vezes será a inércia dos ouvintes, que se refugiam no temor da religião, no respeito humano, no desprezo ou no cansaço pelas longas horas em pé. Uma quinta causa acontece quando o catequista está sobrecarregado e não pode estar presente ao que faz. Finalmente, poderá estar interiormente perturbado pelo pecado pessoal ou um escândalo na comunidade.

Os conselhos a Deogratias devem, hoje, ser reajustados para guardarem sua validade, mas em seu conjunto e, sobretudo, por suas preocupações de ordem psicológica, social, teológica têm valor permanente.

Santo Agostinho termina seu tratado apresentando dois modelos de catequese, um longo e outro curto. Mas sabe que uma coisa é a teoria, outra a prática. Por isso, antes de passar aos modelos, se desculpa: "se algo te agradou em nós e te levou a procurar ouvir de nós alguma observação sobre tua pregação, mais aprenderias vendo-nos e ouvindo-nos em ação, que lendo o que escrevemos" (cap. 15,23).

Talvez Deogratias tivesse oportunidade de aprender lendo e ouvindo e vendo Agostinho em ação. Nós lhe ficamos muito gratos de ter importunado o grande Doutor que lhe poderia ter respondido em poucas palavras, mas quis dar-nos esta joia que é o *De Catechizandis Rudibus* não só "pelos motivos que a ti, como amigo, me prendem, mas também pelo que devo à Mãe Igreja".

Pe. Hugo de V. Paiva

Bibliografia

AGUSTIN, San. De Catechizandis Rudibus. In: *Helmantica*, Revista de Humanidades Clássicas, XXII. Salamanca: Universidad Pontifícia de Salamanca, 1971.

_____. De Catechizandis Rudibus. In: *Oeuvres de Saint Augustin*, XI – Le magistère chrétien. Paris: Desclée de Brouwer et Cie., 1949 [Texte, traduction, introduction et notes de Combès et Farges].

_____. *Les confessions.* Vol. I. Paris: Editions Garnier Frères, 1960 [Traduction nouvelle avec introduction et notes par Trabucco, J.].

_____. *Trattato Catechistico (De Catechizandis Rudibus.* Turim: Società Editrice Internazionale, 1933 [Texto latino com note, per cura Del Dott. Colombo, S.].

_____. De Catechizandis Rudibus. In: AUGUSTINI, Sancti A. Hipponensis Episcopi. *Opera Omnia*: Post Lovaniensium Theologorum Recensionem. Editio Novíssima, Emendata et Auctior, Accurante Migne, J.-P. Tomus VI, Patrologiae Latinae Tomus XL, J.-P. Paris: Migne Editor, 1887].

BAILLY, A. *Dictionnaire grec-françaisi.* Paris: Librairie Hachette, 1950.

BAUER, J.B. *Diccionario de Teologia Bíblica.* Barcelona: Editorial Herder, 1967. (B.)

Bíblia Sagrada (I). São Paulo: Ave Maria, 1971 [Tradução dos originais hebraico, aramaico e grego mediante a versão francesa dos Monges Beneditinos de Maredsous (Bélgica) pelo Centro Bíblico de São Paulo.

Bíblia Sagrada (II). São Paulo: Edições Paulinas, 1967 [Tradução dos textos originais, com notas, dirigida pelo Pontifício Instituto Bíblico de Roma].

BLAISE, A. *Dictionnaire latin-français des auteurs chrétiens*. Strasbourg: "Le Latin Chrétien", 1954 (Bl.).

BOISSIER, G. *La fin du paganisme*. Vol. I. Paris: Librairie Hachette, 1891.

Dicionário Enciclopédico da Bíblia. Petrópolis: Vozes/ Lisboa: Porto, Centro do Livro Brasileiro Limitada, 1971 [Organizado pelo Dr. A. van den Born, em tradução portuguesa]. (van den B.)

GAFFIOT, F. *Dictionnaire illustré latin-français*. Paris: Librairie Hachette, 1934. (G.)

HIPÓLITO DE ROMA. *Tradição apostólica*. 2. ed. Petrópolis: Vozes, 2004. [Tradução de M. da G. Novak] (H.)

MARTIMORT, A.G. *A Igreja em oração* – Introdução à Liturgia. Barcelos: Edições Ora & Labora/Mosteiro de Singeverga e Desclée & Cie. 1965. (M.)

MAURER JR., Th.H. *Gramática do latim vulgar*. Rio de Janeiro: Livraria Acadêmica, 1959.

VINCENT, Mons. A. *Dicionário Bíblico*. São Paulo: Edições Paulinas, 1969. (V.)

Obs.: As siglas entre parênteses que seguem as indicações de algumas obras servirão para identificá-las nas citações do *Glossário*.

Glossário

Este GLOSSÁRIO é uma pequena explicação das palavras *no texto*. Damos, ao fim de cada verbete, a sigla, ou as siglas das obras consultadas. Cf. *Bibliografia*.

Alegoria: *Allegoria, -ae,* f. (αλληγορία) – parábola, figura ou sombra (Hb 8,5; 10,1); ficção que representa um objeto para dar ideia de outro. (Bl., B.)

Alegria: no AT a alegria terrena tem vinculação religiosa: toda alegria depende de Deus (Jr 7,34). No NT a alegria liga-se a Jesus e à salvação: Cristo ressuscitado é o verdadeiro objeto da alegria da Igreja. O autor designa-a pelas seguintes expressões:

Delectatio, -onis, f. (cl.) – 1. prazer, divertimento – 2. alegria, em oposição a *tristitia*, "tristeza".

Gaudium, -ii, n. (cl.) – Alegria pura.

Hilaritas, -atis, f. (cl.) – Alegria interior, bom humor.

Voluptas, -atis, f. (cl.) – 1. prazer – 2. alegria, contentamento. (Bl, B., G.)

Amor: *Amor, -oris,* m. (cl.) – 1. afeição, caridade – 2. paixão – 3. amizade espiritual, cristã – 4. amor místico. O autor emprega, também, nas acepções 1, 3 e 4:

Charitas (char-), -atis, f. (cl.) – 1. afeição, ternura, amor – 2. amor cristão, amor fraternal, amor divino (ἀγάπη).

Dilectio, -onis, f. (cl.) – 1. afeição – 2. amor, bondade, caridade. No AT o amor de Deus é geralmente indicado pelas imagens do amor paternal e conjugal (Ex 4,22; 14,1; Os 2,4.8.15). No judaísmo, os temas do amor do próximo e do amor de Deus são frequentes: o ódio vem do demônio; o amor, de Deus. O amor para com o inimigo é, às vezes, apresentado como um dever que Deus ajuda a cumprir (Tb 4,16). (Bl., van den B.)

Anjo: *Angelus, -i,* m. (ἄγγελος) – 1. mensageiro – 2. anjo bom, ministro de Deus: os anjos são criaturas e não podem ser objeto de culto: são, e permanecem, ministros – 3. anjo mau, demônio. (Bl., B., V.)

Antistes, -stitis, m. f. (cl.) –1. preposto, chefe – 2. sacerdote.

Apóstolo: *Apostolus, -i,* m. (ἀπόστόλος; ἀποστέλλω, 'enviar em missão') – 1. enviado – 2. enviado de Deus, Cristo – 3. enviado de Cristo (os doze apóstolos) – 4. o Apóstolo: Paulo. O apóstolo não é simples mensageiro, mas representante do Senhor: a palavra relaciona-se com o verbo hebraico *šalaḥ* que significa "enviar com autoridade". (Bl., B.)

Batismo: *Baptismus, -i,* m. (há exemplos no neutro). Também *Baptisma, -atis,* n. (gr.) – 1. ablução – 2. cerimônia de purificação do pagão convertido, banho da regeneração (H., p. 52, 53). O verbo grego βαπτίζειν é um iterativo de βαπτειν, "imergir" ou "submergir". Dele derivam βαπτισμός, "ação de submergir ou de batizar", βάπτισμα, "Batismo, como instituição". A Lei de Moisés conhecia a imersão na água como meio de purificação, inclusive para os prosélitos; nesse caso foi-se tornando um rito de iniciação. (Bl. van den B.)

Caridade: cf. Amor.

Carnal: *Carnalis, -e* – 1. de carne, corporal, material – 2. passageiro, mortal – 3. que vive segundo a carne. – 4. necessidades do corpo, desejos materiais, bens temporais. (Bl.)

Catecúmeno. *Catechumenus (catic-), -i,* m. (Χατηχούμενος) – o que se instrui sobre a religião. (Bl.) Cf. *Rudis*.

Catequese: *Catechesis, -is,* f. (χατήχησις) – 1. instrução religiosa – 2. discussão religiosa. (Bl.) No texto, o mesmo que instrução.

Catequista: *Catechista, -ae,* m. (χατήχηστής) – professor de religião. (Bl.)

Catequizar: *Catechizo (catechisso), -are,* tr. (χατηχιξειυ) 1. instruir, ensinar – 2. ministrar a primeira instrução do cristianismo. (Bl.) O autor emprega na segunda acepção também *Imbuo*.

Católico: *Catholicus, -a* (χαθολιχός) – 1. universal – 2. universal quanto à Igreja – 3. ortodoxo. (Bl.)

Cisma: *Schisma, -atis,* n. (σχίσμα) – 1. discórdia, dissensão – 2. separação. (Bl.) Cf. Heresia.

Coração: *Cor, cordis,* n. (cl.) – 1. a vida física (χαρδία) – 2. sede da inteligência, da razão, das faculdades espirituais, das forças da alma (νοῦς) – 3. sede dos sentimentos (alegria, dor, amor em oposição a *uox* – 4. vontade – 5. consciência, memória. O autor emprega também, na segunda acepção, *anima, mens, pectus, spiritus*. O coração é o *eu* do homem, é o ponto de apoio da ação divina. (Bl., B.)

Cordeiro: *Agnus, -i,* m. (cl.) – 1. anho – 2. animal destinado ao sacrifício (1Rs 8,63) – 3. símbolo de doçura – 4. cordeiro pascal dos judeus (Ex 12,7) – 5. Cordeiro de Deus, Jesus (Jo 1,29.36). A ovelha representava peça importante na economia do israelita; destinavam-se ao sacrifício os carneiros e os cordeiros machos, donde a designação de "cordeiro pascal". (Bl., van den B.)

Criação: *Creatura, -ae,* f. (*creo*) – 1. criação, ato de criar (χτίσις) – 2. criatura, o mundo criado (χτίσμα). (Bl.)

Cristão: *Christianus, -a,* (χριστιανούς) – 1. discípulo de Cristo – 2. (às vezes) catecúmeno – 3. cristão, em oposição a herético. (Bl.)

Cristianismo: *Christianitas, -atis,* f. – 1. religião cristã – 2. povo cristão – 3. clero – 4. conjunto das virtudes cristãs, fé, religião. (Bl.)

Demônio: *Daemonium, -ii,* n. (δαίμων, δαιμόνιον) – 1. gênio pagão – 2. ídolo, divindade pagã no AT (Sl 96,5) – 3. espírito maligno, poder do mal no NT. O cristão tem consciência de poder vencê-lo pela fé. É chamado, no NT, Espírito Mau, Espírito Maligno, Espírito Imundo, Espírito Hostil, Adversário, Estranho. (Bl., van den B., V., H., p. 50.62.66)

Diabo: *Diabolus, -i,* m. (διάβολος, caluniador") – 1. acusador – 2. demônio. (Bl.) O autor emprega ora *diabolus,* ora *daemonium:* conservamos na tradução o emprego do original.

Diácono: *Diaconus, -i,* m. (διάχουος) – clérigo encarregado da administração temporal e, mais tarde, da leitura do Evangelho: o diácono também parte o pão e recita os salmos. (Bl., H., p. 43.54-56.58)

Dilúvio. *Diluuium, -ii,* n. (cl.) – 1. inundação – 2. purificação. Em outros povos da Antiguidade encontram-se referências a inundações. Segundo alguns textos da antiga tradição cristã, haveria relação entre o Dilúvio e o Batismo (1Pd 3,21). (Bl., van den B.) O autor relaciona-se também com a Igreja, o Juízo e o mistério da Cruz (19,32 e 27,53).

Edificar: *Aedifico, -are,* tr. (cl.) – 1. formar – 2. dar estabilidade – 3. (οἰχοδομέω) instruir, confirmar; fortalecer na fé e na caridade. (Bl.) O Homem é o edifício de Deus (1Cor 3,9).

Espírito: *Spiritus, -us,* m. (cl.) – 1. sopro – 2. sopro de vida, coragem, força – 3. inspiração – 4. sopro do λόγος, "palavra", "inteligência", "inspiração divina". O autor emprega, nas mesmas acepções, *Animus* e *Mens.* O equivalente hebraico Ruah significa *o vento,* portanto "o movimento"

(Jo 3,8); daí decorrem os sentidos de "vida", de "força" e de "divindade". (Bl., V.)

Evangelho: *Euangelium, -ii,* n. (εὐαγγέλιον) – boa-nova; mensagem, revelação, Isaías (40,66) emprega o verbo (gr. εὐαγγελίσειν) com sentido religioso. Jesus também empregou principalmente o verbo, e não o substantivo. São Paulo deu a este o lugar que ocupa, significando tanto a ação da pregação a respeito de Deus, como o conteúdo da mesma. O sentido que hoje conhecemos, de Evangelho escrito, surge a partir de Justino. (Bl., van den B.)

Fiel: *Fidelis, -e,* (cl.) – 1. verídico – 2. crente, discípulo de Cristo (πιστός) – 3. o que foi batizado, em oposição ao catecúmeno. (Bl.)

Figura: *Figura, -ae,* f. (cl.) – 1. rosto, aspecto – 2. forma, em oposição a matéria – 3. representação – 4. prefiguração, símbolo. (Bl.) Cf. *Typus.*

Geena: *Gehenna (Geena), -ae,* f. – 1. vale a sudoeste de Jerusalém, onde se introduziu o culto de Moloc e se queimaram crianças, em sacrifício ao deus (Js 15,8; 2Rs 23,10) – 2. local de suplício pelo fogo após a morte. (Bl.)

Gentio: *Gentilis, -e (gens)* – 1. nacional (ἐθνιχός) – 2. bárbaro – 3. pagão – 4. (s.m.pl.) os pagãos (para os hebreus e, mais tarde, para os cristãos). (Bl.)

Glória: *Gloria, -ae,* f. (cl.) – 1. corresponde ao hebraico *kabod* e significa "o que confere estima", portanto riqueza, esplendor, poder (1Rs 3,13; Sl 8,6). A floresta de cedros, por exemplo, é a *glória* do Líbano (Is 60,13) – 2. esplendor, majestade de Deus – 3. glorificação, honra, veneração, louvor a Deus. Dar glória a Deus é reconhecer-lhe o poder e a santidade. (Bl., van den B.)

Herege, herético: *Haereticus, -i,* m. (αἱρετιχός) – 1. o que adotou doutrina contrária à da Igreja; tem, às vezes, o sentido de *cismático,* mais forte, porém – 2. membro de uma seita judia. (Bl.)

Heresia: *Haeresis, -is,* f. (αἵρεσις, "escolha') – 1. opinião particular, doutrina, seita – 2. doutrina que se afasta do ensinamento da Igreja; é mais grave que *cisma.* (Bl.)

Histrião: *Sinta, -ae,* m. (σίντης, "larápio"). Desconhece-se a razão do nome latino designando o ator ou o histrião (Bl.)

Igreja: *Ecclesia, -ae,* f. (ἐχχλησία) – 1. assembleia do povo entre os gregos – 2. A assembleia dos primeiros cristãos – 3. comunidade dos fiéis – 4. local de reunião dos fiéis. (Bl.)

Imagem: *Imago, -inis,* f. (cl.) – 1. retrato, representação, estátua – 2. manifestação – 3. alegoria, fábula – 4. figura, prefiguração, *typus.* (Bl., G.) V. Alegoria, Figura, Prefiguração, *Typus.* O autor emprega na primeira acepção também *Figmentum, Simulacrum.*

Ímpio: *Impius, -a,* (cl.) – 1. sacrílego – 2. o que resiste à Lei de Deus – 3. herege. (Bl.)

Inferno: *Infernus, -i,* m. (também no neutro) – 1. Xeol (Dt 32,22), mundo inferior, morada dos mortos debaixo da terra – 2. mansão dos condenados, geena. *V.* este verbete. (Bl., V.)

Iníquo: *Iniquus, -a,* (cl.) – 1. injusto – contrário à Lei divina (ἄδιχος) – 2. ímpio, pecador. (Bl.)

Justificar: *Iustifico, -are,* tr. – 1. tratar com justiça, dar justiça – 2. tornar justo, salvar, tornar digno da felicidade eterna. (Bl.)

Justiça: *Iustitia, -ae,* f. (cl.) – 1. equidade (διχαιοσύνη) – 2. justificação, ação justificadora de Santo Agostinho (Bl.)

Justo: *Iustus, -a* (cl.) – 1. virtuoso; que segue a Lei de Deus. (Bl.) Cf. Santo.

Lei: *Lex, legis,* f. (cl.) – 1. regra, preceito – 2. Lei mosaica: o termo corresponde ao hebraico Tôrâh e, sozinho, designa o *Pentateuco;* no sentido lato, ensinamento de Deus a seu povo, presente de Deus, riqueza que constituía a vida de Israel, revelação que promete vida e felicidade – 3. Lei cristã, religião cristã; o fim da Lei é Cristo (Rm 10,4). (Bl., B., V.)

Lenho: *Lignum, -i,* n. – 1. madeiro (cl.) – 2. Cruz – 3. Árvore da Vida, Cristo. (Bl.)

Marcar: *Signo, -are,* tr. (cl.) – 1. marcar fisicamente, consagrar – 2. marcar com o sinal da cruz; selar como os hebreus selaram suas portas com o sangue do cordeiro pascal – 3. marcar alegoricamente, prefigurar, simbolizar. (Bl.)

Mistério: *Mysterium, –ii,* n. (μυστήριον) – 1. (cl.) (geralmente no pl.) ritos religiosos em que só os iniciados (μυσταί) tomavam parte – 2. segredo – 3. segredo do plano divino; o ato de Cristo: mistério significa, sobretudo, um segredo divino que só pode ser conhecido por revelação (*v.* este verbete) – 4. símbolo; conteúdo do símbolo – 5. celebração mística, Cf. Sacramento. (Bl., van den B.)

Oráculo: O*raculum, -i,* n. (cl.) – 1. palavra de um sábio – 2. no AT, lugar onde, no santuário, Javé se fazia ouvir a Moisés e ao sumo sacerdote (Ex 25,22; 30,5) – 3. voz do Senhor (Nm 7,89) – 4. profecia; palavra divina. (Bl., V.)

Paixão: *Passio, -onis,* f. *(patior)* (pós-cl.) – 1. ação de suportar – 2. sofrimento do corpo, afecção da alma. – 3. Paixão do Senhor. A primeira pregação apostólica teria sido sobre a Paixão de Cristo, ponto alto da salvação dos homens, que só se entende a par com a Ressurreição. (Bl., B.)

Páscoa: *Pascha, -ae,* f. (πάσχα) – 1. festa hebraica que comemora a passagem do Anjo exterminador e a saída do Egito (Ex 12,1-27) – 2. cordeiro do sacrifício, cordeiro pascal dos israelitas, comido com pão sem fermento para celebrar a Páscoa; originalmente a Páscoa (hebraico *pesaḥ*) e a festa dos ázimos não formavam uma só: relacionava-se a primeira com os nômades, criadores de carneiros, e a segunda com os agricultores (Dt 16,1.9; Ex 23,14-17); unidas, mais tarde, comemoram o êxodo (Ex 12,1-28) –3. (simbolicamente) Cordeiro Pascal, Jesus – 4. no cristianismo: Páscoa da Crucificação, festa da Paixão, que os antigos não separavam da ideia da Ressurreição; festa da Redenção – tríduo que comemora a morte, a sepultura e a Ressurreição do Senhor – 5. o sentido predominante, a partir do século V, é festa da Ressurreição. (Bl., van den B.)

Patriarca: *Patriarca (-ches), -ae* (πατριάρχης) – os patriarcas são os chefes da raça: antepassados de Israel, pelos quais o povo eleito se prende às origens da humanidade (Gn 5,11). (B1.,V.)

Penitência: *Paenitentia, -ae,* f. (cl.) – 1. arrependimento – 2. arrependimento do pecado, virtude cristã – 3. prosternação, arrependimento público – 4. perdão dos pecados. No AT, os aspectos essenciais da penitência são a confissão dos pecados e a oração contrita. O NT tem poucos dados a respeito de manifestações externas de conversão e arrependimento. (Bl., van den B.)

Prefiguração: *Praefiguratio, -onis,* f. (τύπος) – figura profética: a salvação, que é o Cristo, é prometida e prefigurada no AT, não só por palavras e promessas, mas também pelos acontecimentos que são *figura* de Cristo e da Igreja. Os primeiros cristãos procuraram sempre descobrir no AT os tipos da realidade do NT (Bl., van den B.)

Pregação: *Praedicatio, -onis,* f. (cl.) – 1. predição, profecia – 2. proclamação, publicação; afirmação solene de uma verdade, ensinamento – 3. ação de anunciar o Evangelho, publicação da Palavra de Deus. Os exegetas distinguem o *kerigma,* que contém a mensagem da salvação, e a *catequese,* doutrina dogmática e moral (Bl., V.) Cf. *Sermo.*

Professio, -onis, f. (cl.) – 1. declaração, manifestação – 2. declaração feita por Deus, revelação, verdade revelada. (Bl.) Cf. Revelação.

Profeta: *Propheta (-tes], -ae,* m. (προφήτης) – 1. adivinho, intérprete – 2. intérprete da vontade divina; no AT, os encarregados de instruir, e de anunciar, o Messias; no NT, os que recebem o dom da profecia, que os habilita a ensinar. O grego (προφήτης) dos LXX corresponde ao hebraico *nābi',* de significação para nós indecisa. O *nābi'* seria "o inspirado", "o chamado" ou "o que clama" *(v.* sobretudo Nm 11,25-27; Os 9,7; Jr 29,19ss.). Ele teria no AT a função de anunciar *(v.* 1Rs 22,12; Esd 5,1), e aqui a designação grega não corresponderia exatamente à hebraica: o (προφήτης) (de προςφημί) seria "o que fala em nome de alguém", "o que fala em nome de Deus", "o que revela", mas não "o que prediz". (Bl., van den B.)

Ressurreição: *Resurrectio, -onis,* f. *(resurgo)* – 1. ação de reerguer-se – 2. ressurreição corporal, no AT e no NT, Ressurreição do Senhor, Páscoa – 3. ressurreição espiritual. (Bl.)

Revelação: *Reuelatio, -onis,* f. *(reuelo)* – 1. ação de descobrir – 2. ação de fazer ver, manifestação – 3. verdade revelada. (Bl.) Cf. *Professio.*

Rudis, -e (cl.) – 1. novo, ignorado – 2. inculto, ignorante. – 3. novo na fé, catecúmeno. (Bl.)

Sacerdote: cf. Antistes.

Sacramento: *Sacramentum, -i,* n. (cl.) – 1. juramento – 2. profissão de fé, confissão da fé – 3. liame sagrado, ritos de iniciação aos mistérios; mistérios – 4. matéria sacramental – 5. verdades misteriosas, revelação, plano divino – 6. alegoria, *typus* – 7. o Batismo, a Crisma, a Eucaristia, a Missa. A iniciação cristã incluía os sacramentos do Batismo, da Confirmação e da Eucaristia, após um período de preparação, mais ou menos longo. O AT não possuía sacramentos que produzissem a graça por si mesmos, mas sacrifícios e cerimônias que eram figuras da nova Lei, enquanto que no NT o sacramento é o "sinal visível de uma graça invisível" (cf. 26,50, na presente obra). (Bl., V., H. p. 50ss. e M. p. 598-599)

Santo: *Sanctus, -a* (cl.) – 1. augusto, venerável – 2. puro, intacto – 3. consagrado a Deus (Ex 13,2) – 4. (s. pl.) fiéis servidores de Deus: os justos, os patriarcas – 5. fiel, cristão (adj. e s.) (Bl.) Cf. Justo.

Segredo: *Secretum, -i,* n. (cl.) – 1. refúgio, solidão – 2. seio materno – 3. recôndito da alma – 4. (pl.) mistérios pagãos ou cristãos –5. o segredo da Eucaristia. (Bl.)

Sermo, -onis, m. (cl.) 1. palavra, faculdade de falar – 2. conversa – 3. palavras, preceitos – 4. homilia – 5. prédica, pregação, preleção, comentário, exposição, diálogo, palestra, prática, é na quinta acepção que o autor emprega o termo ao longo de toda a obra.

Servo: *Seruus, -i,* m. (d.) – 1. escravo – 2. (pejorativo) escravo do demônio – 3. servidor de Deus. (Bl.)

Significar: *Significo, -are* (cl.) – 1. indicar – 2. simbolizar.

Símbolo: cf. Typus.

Typus, -i, m. (τίπος) – 1. figura, imagem (cl.) – 2. figura mística, prefiguração, símbolo. (Bl.)

Verbo: *Verbum, -i,* n. (cl.) – 1. palavra – 2. Palavra de Deus, prédica, inspiração, preceito – 3. promessa. – 4. razão, o Verbo perfeito (τέλειος λόγος) – 5. o Filho de Deus (ὁ Λόγος) (Jo 1,1, etc.). (Bl.)

Videira: *Vitis, uitis,* f. (cl.) e Vinha: *Vinea, -ae,* f. (cl.) – 1. no AT, o povo eleito (Sl 79,9; Os 10,1; Is 5,1-5) – 2. Cristo, a Videira de que os cristãos são os ramos. (Bl., V.)

TEXTO
A instrução dos catecúmenos[1]

*Agostinho, a pedido de um diácono cartaginês,
expõe a arte de catequizar e os seus preceitos:
deve desempenhar-se a função dentro de
um método determinado e de uma lógica
adequada, e também sem tédio e com alegria.*

1. O texto latino encontra-se em *Sancti A. Augustini, Hipponensis Episcopi, Opera Omnia,* Patrologiae Latinae Tomus XL, J.-P. Migne Editor, Paris 1887, cols. 309-348. Considerando o grande público a que se destina esta edição, e o fato de que sua finalidade é mais catequética que literária, tivemos a ousadia de, aconselhados por nosso revisor, simplificar, em alguns passos, a tradução desta belíssima obra de Santo Agostinho, o Cícero cristão. Que nos perdoem nossos amigos e mestres de formação clássica, ao considerar a necessidade de formação cristã de milhares de leitores. Temendo prejudicar o sentido da frase, uma vez que, infelizmente, já lhe prejudicamos a riqueza e a sutileza, conservamos, em geral, as repetições enfáticas, as mudanças de tempos e pessoas verbais, que fazem parte do estilo ao autor.

O autor põe em prática os preceitos e, como se instruísse alguém que desejasse tornar-se cristão, apresenta, e compara, dois modelos de sermão: um mais longo, outro brevíssimo.

Parte I

Capítulo I[2]

Razão da obra: *A instrução dos catecúmenos* resulta do pedido de um diácono cartaginês

1. Pedes-me, irmão Deogratias[3], que te escreva algo que te ajude na instrução dos catecúmenos*. Dizes-me

---

2. Os títulos e a numeração dos §§ pertencem à edição de Migne. Conservaram-se, na tradução, os títulos; tomou-se, porém, a liberdade de disseminá-los pelos §§ correspondentes, em vez de apresentá-los no início de cada capítulo como se encontram naquela edição. A divisão da obra em duas partes é a adotada pela edição francesa de Combès e Farges, e também pela edição espanhola (v. Bibliografia). As palavras seguidas de *asterisco* podem ser encontradas no Glossário.
3. *Irmão* é termo comum de tratamento entre os cristãos, desde a idade apostólica (At 6,3, etc.). *Deogratias* seria o nome latinizado do diácono a quem se dirige o autor. Esse tipo de nomes era comum em Cartago: o filho de Santo Agostinho, por exemplo, chamava-se *Adeodatus*. V. San Agustín, *De Catechizandis Rudibus, in Helmantica,* Revista de Humanidades clássicas, XXII, Salamanca, Universidad Pontifícia de Salamanca, 1971, nota 1, e S. Agostino, *Trattato Catechistico (De Catechizandis Rudibus).* Texto latino con note, per cura del Dott. Colombo, S., Società Editrice Internazionale, Torino, 1933, p. 9.

que, frequentemente, em Cartago, onde és diácono*, são-te encaminhados os que devem receber a primeira instrução catequética – pela consideração da tua fecunda capacidade de catequizar*, pela solidez da tua fé, pela doçura da tua palavra: e tu, quase sempre, te angustias procurando a maneira exata pela qual deva ser ensinada essa doutrina que, pela fé, nos torna cristãos*. Por onde começar? Até onde levar a narração? Ao terminá-la, devemos dirigir uma exortação ao nosso ouvinte ou tão somente ensinar-lhe os preceitos em cuja observância aprenderá a acreditar na vida e na revelação* cristãs?

Confessas e lamentas o que te sucede com frequência quando, em sermão longo e monótono, não apenas aquele que instruis pela palavra e os demais ouvintes, mas tu mesmo te sentes diminuído e cheio de desgosto de ti. Obriga-te assim a necessidade a exigir de mim, em nome da caridade* que te devo, apesar das minhas ocupações, eu não me recuse a escrever-te algo sobre o assunto[4].

2. Na verdade, não só pelos motivos que a ti, como amigo, me prendem, mas também pelo que devo à Mãe Igreja, impelem-me a caridade e a obrigação todas as vezes que, pela generosidade[5] de Nosso Senhor, posso

---

4. 1Pd 4,10.
5. A palavra *generosidade* designa o amor de Deus. Cf. *Gloss.* art. *Amor.*

oferecer algo com o meu trabalho. O mesmo Senhor ordena-me ajudar àqueles a quem tornou meus irmãos, não me esquivando de modo algum mas antes atendendo-os com vontade pronta e dedicada.

Na medida em que desejo ver distribuída a riqueza[6] do Senhor, sabendo que companheiros meus no trabalho da Igreja enfrentam dificuldades ao distribuí-la, devo fazer tudo o que esteja ao meu alcance para que possam fazer mais fácil e livremente aquilo que diligente e ardorosamente desejam.

Capítulo II

A exposição que agrada ao ouvinte pode desagradar ao expositor. O que preside a um diálogo deve falar sem enfado, e alegremente

3. Quanto ao que particularmente respeita ao teu caso, não queria que te impressionasses pelo que às vezes te parece uma pregação* banal e cansativa, pois poderia não parecer tal àquele a quem pregas: somente a ti – pelo teu desejo de ser muito bem entendido – pareceria o que dizes indigno de alheios ouvidos.

---

6. Essa riqueza que os ministros do Senhor vêm distribuir é a riqueza espiritual. Cf. 2Cor 6,10, em que o apóstolo diz: "somos considerados indigentes, nós, que enriquecemos a muitos e que tudo possuímos".

Também a mim me desagrada quase sempre o meu sermão. Desejo ardentemente um melhor, aprecio-o, muitas vezes, interiormente... antes de começar a desdobrá-lo em palavras sonoras; mas quando vejo que é inferior ao que me parecera, entristeço-me de que minha língua não baste ao meu coração*.

Quero, na verdade, que aquele que me ouve entenda tudo o que eu entendo, mas percebo que minhas palavras não podem consegui-lo: o entendimento penetra a alma[7] como rápido clarão enquanto que a expressão é lenta e longa, e muito diferente daquele. Enquanto se desenvolve esta, já aquele se fechou no seu segredo... embora, maravilhosamente, imprima na memória algumas marcas que perduram durante a enunciação das sílabas.

Perseguimos sem descanso os sinais sonoros dessas marcas. Quer se pensem, quer se pronunciem em voz alta esses sinais, chamamos a eles *língua (latina, grega* ou *hebraica*, ou qualquer outra), embora as marcas não sejam nem latinas, nem gregas ou hebraicas, nem pertençam a qualquer outro povo: elas se mostram no espírito* como o rosto no corpo.

Realmente a *ira* tem um nome em latim, outro em grego – e muitos outros, segundo a diversidade das línguas. Mas um rosto irado não é latino nem grego.

---

7. Cf. *Gloss*. Art. *Coração*.

Tampouco entendem-no todos os povos se alguém diz *"Iratus sum,* 'estou irado'", mas tão somente os latinos; se a dor da alma inflamada alcança porém a face e decompõe a fisionomia, todos os que olham na direção do irado percebem-lhe a ira.

Nem se pode externar, ou desdobrar ao entendimento dos ouvintes, pelo som da voz, as marcas que a inteligência imprime tão clara e abertamente na memória como é aberto e claro o semblante: as marcas estão dentro – na alma – e o semblante está fora – no corpo. E se o som da língua nem mesmo se assemelha à impressão na memória, devemos meditar no quanto dista do alcance da inteligência![8]

Nós, em geral, desejando ardentemente ser úteis aos ouvintes, queremos dizer tão exatamente o que a nós nos parece claro que, por causa do próprio esforço mental, não conseguimos fazê-lo. Atormentamo-nos por isso e o desgosto nos entorpece... E é esse desgosto que torna a pregação mais frouxa e embotada do que era quando fomos levados a desgostar-nos.

4. Muitas vezes, porém, o interesse dos que desejam ouvir-me diz que não é tão frio o meu comentário como a mim me parece; pelo seu prazer, vejo que encontram nele algo de útil e procuro ser cauteloso:

---

8. Notar que o autor faz uma análise da dupla articulação da linguagem.

vendo-os aceitar de bom grado o que lhes exponho, não quero, expondo-o, faltar com o meu ministério*.

Também tu, a quem tão frequentemente são encaminhados os que devem ser instruídos na fé, procura entender que o teu discurso não desagrada aos outros assim como te desagrada. E não te consideres estéril porque não explicas como desejas tudo o que pensas... Talvez nem sequer sejas capaz de discerni-lo como desejas! Quem, nesta vida, vê de outra maneira que não *confusamente, como por um espelho?*[9] O próprio amor* não é tão forte que, rompidas as trevas da carne, possa penetrar na eternidade sem nuvens, onde apesar de tudo brilham mesmo as coisas que passam... Mas os bons se adiantam cada dia, sem volta do céu nem incursão da noite, para ver o dia que *o olho não viu, nem o ouvido ouviu, nem o coração* humano imaginou...*[10] E é por isso que não há, na instrução dos catecúmenos*, maior razão por que as nossas palavras se desvalorizem aos nossos olhos que o prazer de compreender profundamente, e o aborrecimento de falar de maneira chã.

O fato é que somos ouvidos com maior prazer quando a nós mesmos nos agrada o nosso trabalho: o fio da nossa elocução é tocado pela nossa alegria* e desenrola-se mais fácil e mais inteligível. Assim, não é difícil

---

9. 1Cor 13,12.
10. 1Cor 2,9. Cf. tb. Is 64,4.

prescrever os limites da narração daquilo que se deve ensinar para que seja aceito como verdade: a narração há de ser variada – às vezes mais breve, outras mais longa, sempre porém completa e perfeita. Também não é difícil ensinar quando se deve lançar mão de relatos mais curtos ou mais longos. A grande preocupação reside na maneira de narrar, para que aquele que catequiza*, quem quer que seja, o faça com alegria*: tanto mais agradável será a narração quanto mais puder alegrar-se o catequista*.

O preceito é claro: quanto mais não amará Deus àquele que *dá com alegria**11 riquezas espirituais, se ama o que dá riquezas materiais? Só que a presença dessa alegria* no momento exato pertence à misericórdia daquele que a ensina...

Assim, diremos o que nos for inspirado por Deus, primeiro sobre o modo de narrar – pois sei que o desejas – depois sobre como ensinar e exortar, e em seguida sobre o modo de conseguir a alegria*.

---

11. 2Cor 9,7. Oposição nítida entre a riqueza espiritual e a riqueza material. No AT, considera-se a riqueza como um bem, mas também como um perigo (Pr 11,28), e foi objeto de preocupação por parte dos sábios (Eclo 13 e 31). Cf. *Dicionário Enciclopédico da Bíblia,* organizado por Dr. A. van den Born, em tradução portuguesa, Petrópolis, Vozes. – Lisboa, Porto, Centro do Livro Brasileiro Limitada, 197, art. *Riqueza.*

Capítulo III

A narração plena que deve ser apresentada ao catequizando

5. A narração é completa quando o catecúmeno* é instruído a partir do início da Escritura – *No princípio Deus criou o céu e a terra*[12] – até os tempos atuais da Igreja.

Nem por isso, entretanto, devemos recitar de memória (ainda que os tenhamos aprendido palavra por palavra) todo o *Pentateuco,* os livros dos *Juízes,* dos *Reis* e de *Esdras,* todo o *Evangelho** e os *Atos dos Apóstolos*[13].

---

12. Gn 1,1.
13. O *Pentateuco* se compõe dos cinco primeiros livros do AT: *Gênesis, Êxodo, Levítico, Números* e *Deuteronômio.* O *Gênesis* narra as origens do mundo. O Êxodo narra a vida dos hebreus no Egito, o nascimento de Moisés, a saída do Egito e a promulgação da Lei. O *Levítico* é um livro de leis. O *Números* é o livro dos recenseamentos e das leis prescritas durante a migração do Sinai à Terra Prometida; abrange um período de trinta e oito anos e meio e inclui fragmentos de canções populares (21.23-24). O *Deuteronômio,* como o indica o nome, é uma *segunda lei;* lança também um olhar sobre fatos anteriores e inclui as últimas disposições de Moisés. O livro dos *Juízes* narra os feitos dos diversos libertadores de Israel. O de *Esdras,* que constituía um só livro com o de *Neemias* no texto hebraico e na versão dos LXX, descreve a volta dos filhos de Israel, da Babilônia, onde haviam permanecido por setenta anos, e a reconstrução do templo (v. 21,38 na presente obra). Os *Atos dos Apóstolos* narram a Ascensão de Cristo, a descida do Espírito Santo, a propagação do Evangelho pelos apóstolos, sobretudo Pedro e Paulo, os milagres, as perseguições, o martírio de San-

Nem desenvolver e explicar, narrando-o com nossas palavras, tudo o que se contém nesses volumes: nem o tempo o comporta, nem o reclama qualquer necessidade. Tomemos tudo sumária e globalmente, escolhendo nesses artigos[14] os fatos mais admiráveis, que se ouvem com maior prazer, para apresentá-los como em pergaminhos, desenrolando-os e explicando-os lentamente: não convém subtraí-los imediatamente à vista e sim oferecê-los ao exame e admiração do espírito* dos ouvintes. Quanto ao resto, deve ser percorrido rapidamente, e inserido no contexto. Dessa forma, os aspectos que sobretudo queremos mostrar ressaltam da pouca elevação dos outros; e aquele que desejamos estimular com a narração não chega cansado a esses aspectos, nem se lhe confunde a memória.

---

to Estêvão, a prisão e libertação de Pedro e a prisão de Paulo, além de muitos outros fatos. Cf. *Bíblia Sagrada,* Tradução dos textos originais, com notas, dirigida pelo Pontifício Instituto Bíblico de Roma, Edições Paulinas, São Paulo, 1967. Cf. tb. *Gloss.* art. *Evangelho.*
14. Os artigos das *cinco idades.* Cf. adiante 3,6 e 22,39.

A meta é a caridade. As antigas escrituras e o advento de Cristo, cujo fim é o amor

6. Em tudo, sem dúvida, não somente devemos observar o fim do preceito – a caridade*, *nascida de um coração* puro, de uma consciência reta e de uma fé sincera*[15] – para que se reflita em tudo o que dizemos: deve também enternecer-se e voltar-se para ele o olhar daquele que instruímos pela palavra.

Nem é outro o motivo pelo qual tudo o que lemos nas Escrituras santas foi escrito antes do advento do Senhor, senão afirmar a sua vinda e marcar com antecedência a futura Igreja* – povo de Deus entre todos os povos. Este povo é o seu corpo[16] – acrescentados e incluídos todos os santos* que antes de sua vinda viveram neste mundo acreditando que viria, tal como nós acreditamos que veio.

Assim Jacó, ao nascer, lançou do seio materno primeiro a mão com que segurava o pé do irmão mais velho; depois, claro, seguiu-se a cabeça e finalmente os outros membros[17]. A cabeça domina contudo em dignidade e poder não só os membros que a seguiram, mas também a própria mão que, nascendo, a precedeu: a ca-

---

15. 1Tm 1,5.
16. 1Cor 12,12; Cl 1,18.
17. Gn 25,24-25.

beça é primeira quanto à ordem da natureza, ainda que o não seja quanto ao tempo do aparecimento[18].

Assim também o Senhor Jesus Cristo, antes de assumir a condição humana e de certa forma surgir do seio do seu segredo* aos olhos dos mortais como Mediador[19] entre Deus e os homens, ele, que *é, sobre todas as coisas, Deus bendito para sempre*[20], enviou nos santos patriarcas* e profetas* uma parte do seu corpo, anunciando, da mesma forma que uma mão, o seu nascimento.

Dominou também o povo[21], que orgulhosamente o precedia, com os laços da Lei* como com os cinco dedos[22].

Através das cinco idades dos tempos, sua vinda não cessou de ser anunciada e profetizada. Consoante este fato, seu povo, por meio de quem foi dada a Lei*, escreveu cinco livros[23]. E os soberbos, sentindo segundo a carne *e procurando estabelecer sua própria justiça*[24], não foram cumulados pela bênção da mão aberta de Cristo,

---

18. A mão tem um sentido simbólico pelo qual representa a força e o poder do homem. A direita indica o caminho do dever e o lugar de honra (Mt 25,33). Cf. VINCENT, Mons. A. *Dicionário Bíblico*. São Paulo: Paulinas, 1969, art. *Mão*.
19. 1Tm 2,5; Hb 12,24.
20. Rm 9,5.
21. Jo 1,17.
22. Rm 10,3-4.
23. Cf. nota 13.
24. Rm 8,5; 10,3

mas retidos pela mão fechada e apertada[25]: foram-lhes ligados os pés e caíram, *mas nós, de pé, continuamos firmes*[26].

Embora, como afirmei, o Senhor Cristo houvesse enviado uma parte de seu corpo nos santos* que O precederam no tempo, *Ele é a Cabeça do corpo, da Igreja,* e todos aqueles de quem Ele é Cabeça formaram um todo com esse corpo, acreditando naquele que anunciavam. E, precedendo-o, não se separaram dele, mas, obedecendo-lhe, a Ele se prenderam, pois ainda que a mão possa ser enviada antes da cabeça, a ela se submete[27].

Por essa razão, *tudo quanto outrora foi escrito foi escrito para nossa instrução*[28], como prefiguração* nossa; e tudo aconteceu para nosso exemplo; e foi escrito *para nós, que tocamos o fim dos tempos*[29].

Capítulo IV

A causa precípua do advento de Cristo, exaltação do amor

7. Que maior causa pode haver da vinda do Senhor senão mostrar-nos Deus o seu amor*? E *brilhantemente*

---

25. Cf. nota 18.
26. Sl 19,9.
27. Cl 1,17-18.
28. Rm 15,14.
29. 1Cor 10,11

o demonstrou, pois *éramos ainda pecadores quando Cristo morreu por nós!*[30]

...Porque *a caridade* é* o fim do mandamento e *o pleno cumprimento da Lei**[31]*:* para que nós também nos amemos uns aos outros e, assim como Ele ofereceu por nós a sua vida, assim também demos a nossa vida pelos nossos irmãos[32].

Se hesitávamos em amar a Deus, agora pelo menos não vacilemos em pagar o seu amor com amor*, já que Ele próprio foi o primeiro a amar-nos e não poupou o seu Filho único, mas O entregou por nós todos[33].

Não há maior convite ao amor que, amando, tomar a dianteira: e demasiado duro é o coração* que, se não queria *dar,* não quer nem ao menos *pagar o* amor*...[34]

Pois se o vemos nos próprios amores escandalosos e vis! Os que, amando, desejam ser amados não fazem outra coisa senão mostrar, e demonstrar com todas as provas de que são capazes, o quanto amam! Procuram cuidadosamente apresentar a imagem da justiça para exigir que lhes deem paga os corações* que se esforçam

---

30. Rm 5,8.
31. Rm 13,10; 1Tm 1,5.
32. Jo 13,34; 15,13; 1Jo 3,16.
33. 1Jo 4,10-19; Rm 8,32.
34. No texto, *...qui dilectionem si nolebat impendre, nolit rependere.*

por seduzir; e mais ardentemente queimam quando sentem que começam a queimar-se no mesmo fogo os corações* que desejam.

Ora, se o coração* entorpecido desperta ao sentir-se amado, se o que já ardia mais se acende ao saber-se correspondido, é evidente que nada é mais capaz de despertar o amor* daquele que ainda não ama que saber-se amado; ou de aumentar o amor* daquele que amou primeiro que ser correspondido: ou esperar sê-lo, ou saber que o é.

E se isto é verdadeiro para os amores torpes, quanto mais o será para a amizade?

Por que outra razão tememos ferir a amizade senão porque o amigo não pense que o não amamos – ou que o amamos menos do que ele mesmo nos ama? Porque se o pensar, tornar-se-á mais frio no amor* do qual se desfruta reciprocamente por mútua intimidade. E se não é tão fraco que a ofensa o faça esfriar de todo o amor, a este amor se prende e com ele ama – não para fruir dele, mas para servir com ele[35].

Embora também os superiores queiram ser amados pelos inferiores e sintam prazer na sua cuidadosa deferência – e quanto mais o sentem, tanto mais os

---

35. Transforma-se o amor em caridade, no sentido em que hoje se entende esta palavra. Cf. *Trattato Catechistico*, ed. cit., p. 17.

amam – vale a pena notar como é grande o amor* de que se inflama o inferior ao sentir-se amado pelo superior.

O amor* é evidentemente mais grato quando não é perturbado pela aridez da necessidade, mas deriva da bondade fecunda. Aquele provém da miséria, este da misericórdia.

E o inferior será levado ao amor* de maneira indizível se, não esperando poder ser amado pelo superior, este espontaneamente se dignar mostrar-lhe o quanto o ama, a ele que, de modo algum, ousaria nutrir a esperança de tão grande bem.

E que pode haver de superior a Deus, que julga, ou de mais desesperador que o homem, que peca? Este se sujeitara a ser guardado e subjugado pelas forças do mal, incapazes de torná-lo feliz, na medida em que perdera a esperança de poder ser amparado por esse poder que não pretende ser sublime pela malícia, mas é sublime pela bondade!

Tudo o que, na instrução religiosa, a partir das escrituras, se conta a respeito de Cristo deve reportar-se ao amor

8. Se Cristo veio principalmente a fim de que o homem soubesse o quanto Deus o ama, e o soubesse a fim de abrasar-se no amor* daquele pelo qual foi primeiro amado, e amasse o próximo segundo a ordem e o exemplo de quem se fez próximo amando o que não estava próximo, porém corria longes terras; se toda a Escritura divina, escrita antes, foi escrita para predizer a vinda do Senhor[36], e se tudo quanto foi depois confiado aos Livros e confirmado pela divina autoridade conta o Cristo e aconselha o amor*, é evidente que toda a Lei* e os Profetas*[37] *se resumem nestes dois mandamentos*[38] do amor* de Deus e do próximo – única Escritura santa até então, pois o Senhor o dissera. É também evidente que neles se resumem todas as obras de letras divinas, que, para nossa salvação, foram posteriormente escritas e confiadas à tradição[39].

É por isso que no Antigo Testamento esconde-se o Novo, e no Novo encontra-se a manifestação do Antigo[40].

Segundo as figuras do Antigo Testamento, os materialistas, cujo entendimento não vai além da carne, então como agora foram dominados pelo temor do castigo. E segundo a manifestação foram os espirituais

---

36. Lc 24,27.
37. A expressão *a Lei e os Profetas* significa a revelação do AT ou os livros que a contêm. A expressão *Lei*, ou *Lei de Moisés*, indica o *Pentateuco*; assim *a Lei e os Profetas* seriam todo o AT. Cf. *Dic. Enciclopédico da Bíblia*, ed. cit., arts. *Lei, Profeta*.
38. Mt 22,40.
39. Mt 22,37-40; Jo 4,10-19.
40. A *caridade* une os dois Testamentos. O autor combate os que criticavam a "contradição" dos dois Testamentos.

libertados pelo dom da caridade*, porque conheceram pelo espírito*: tanto os que então se comoveram piedosamente – e a quem desvendaram as verdades ocultas – como os que agora procuram, sem orgulho, que se não esconda o que foi descoberto⁴¹.

E porque nada é mais avesso à caridade* que a inveja, e porque a mãe da inveja é a soberba, o mesmo Senhor Jesus Cristo, Deus Homem, é a Revelação* do amor* divino por nós e também, junto a nós, o Exemplo da humildade humana: era preciso que nossa grande arrogância fosse curada por um antídoto ainda maior!

Grande miséria é sem dúvida um homem arrogante: misericórdia maior é porém um Deus humilde!

Por esse amor*, portanto, como por um alvo proposto, pelo qual digas tudo o que dizes, o que quer que narres faze-o de tal forma que aquele que te ouve, ouvindo, creia e, crendo, espere e, esperando, ame⁴².

---

41. Rm 8,5ss.
42. Eis as três virtudes teologais (1Cor 13,13); o texto traz: ...*ut ille... audiendo credat, credendo speret, sperando amet.*

Capítulo V

O novato deve ser interrogado sobre o fim pelo qual deseja tornar-se cristão

9. Sobre a própria severidade de Deus, pela qual são os corações* dos mortais sacudidos de salubérrimo terror, deve edificar-se a caridade*. Que o homem, alegrando-se em ser amado por aquele que teme, ouse amá-lo também e tema desagradar ao seu amor*, ainda que pudesse fazê-lo impunemente[43].

De fato, raramente – ou nunca – acontece que alguém queira fazer-se cristão* sem estar fortemente abalado pelo temor de Deus. Se, porém, o que se aproxima da fé espera com isso alguma recompensa de alguém a quem não acredita poder agradar de outra forma, ou tenta escapar a um prejuízo causado por indivíduos cujo desagrado ou inimizade receia, não deseja realmente tornar-se cristão*, mas simular que o deseja: a fé não está no corpo que se inclina, mas na alma que crê.

Muitas vezes, entretanto, mostra-se nitidamente a misericórdia de Deus através do ministério do catequista* e o novato, levado pela palavra, deseja realmente ser o que decidira simular; quando ele começar a querer, podemos considerá-lo como *tendo* chegado[44].

---

43. Sl 110,10.
44. O autor refere-se a que o novato, muitas vezes, embora presente, não *chegou* realmente. A sequência do texto explica-o.

De fato, não sabemos em que momento vem com o espírito* aquele cujo corpo já vimos presente. Devemos agir de maneira que se desenvolva nele, se o não tem, o desejo de cristianismo*. E ainda que ignoremos em que tempo, em que momento, começará a mudar, nada se perderá se já tiver esse desejo, pois nossa obra o tornará mais firme.

É útil que nos informemos com antecedência, se possível, junto aos que o conhecem, sobre o seu estado de espírito* e as causas que o induziram a vir receber a religião. Não havendo quem nos informe, ele mesmo deve ser interrogado e, de acordo com suas respostas, conduziremos a palestra.

Se se aproximou de coração* fingido, procurando humanos privilégios ou fugindo de transtornos, de um modo ou de outro mentirá e é da sua própria mentira que se deve partir. Não para desmenti-la, por evidente, mas para fazer com que se alegre em ser tal qual deseja parecer... aprovando e louvando o propósito com o qual afirma ter vindo... E o faremos, quer diga a verdade quer minta, se disser que veio com propósito realmente merecedor de aprovação.

Se porém disser algo diferente daquilo que se deve encontrar no espírito* de quem vai ser instruído na fé cristã, repreende-o com delicadeza e bondade porque é rude e ignorante; mostra-lhe o verdadeiro fim da doutrina cristã, exaltando-o breve e gravemente; e não gastes o tempo da futura narração nem ouses impô-la a um espírito* não preparado, mas leva-o a desejar o que – ou por erro ou por simulação – até o momento não queria.

Capítulo VI

Exórdio da instrução e narração: da criação do mundo ao tempo atual da Igreja

10. Dar-nos-á o novato um felicíssimo tema para abordagem se responder que foi avisado ou atemorizado por um sinal divino para tornar-se cristão*: o grande amor* de Deus por nós.

Na verdade, sua atenção deve ser desviada desse tipo de prodígios ou sonhos para o caminho mais firme e os oráculos* mais certos das Escrituras, para que entenda quão misericordiosamente lhe foi dado aquele aviso antes de que conhecesse as Escrituras santas.

É preciso, de qualquer maneira, mostrar-lhe que o próprio Senhor não o aconselharia ou forçaria a tornar-se cristão* e incorporar-se à Igreja*, nem o instruiria com tais sinais ou revelações*, a não ser que já estivesse preparado o seu caminho em direção às santas Escrituras, onde não procurasse prodígios visíveis, mas se habituasse a esperar os invisíveis; onde não seria instruído a dormir, mas a vigiar; onde quisesse senti-lo mais tranquilamente e sem nenhum receio.

A narração deve começar em *Deus criou todas as coisas muito boas*[45] e, como dissemos, deve chegar aos tempos atuais da Igreja*, apresentando as causas e as razões de cada um dos fatos e atos que narramos; por meio dessas causas e razões, relacionaremos tudo com o fim soberano do amor*, de que se não deve desviar o olhar de quem quer que faça ou diga algo.

Mesmo os gramáticos tidos por bons e assim chamados se esforçam por encontrar alguma utilidade nas estórias mentirosas dos poetas, imaginadas para o prazer dos espíritos cujo alimento são as frivolidades, ainda que essa mesma utilidade seja vã e ávida de alimento profano: muito mais prudentes devemos ser para que os fatos que narramos como verdadeiros, espalhados sem explicação de suas causas, não venham a ser acreditados por sua vã beleza ou por uma perigosa ambição.

Não sustentaremos entretanto essas causas de tal forma que, abandonando o fio da narração, nosso coração* e língua se enredem na trama de uma discussão muito difícil. A própria verdade do argumento apresentado deve ser como o ouro que prende uma fieira de

---

45. Gn 1.

gemas sem contudo perturbar a continuidade do ornamento por qualquer excesso.

Capítulo VII

A Ressurreição, o Juízo. Alguns preceitos

11. Terminada a narração, deve infundir-se no espírito* dos ouvintes a esperança da ressurreição*[46]. A seguir, de acordo com sua capacidade e forças, e também de acordo com o próprio tempo[47], devem discutir-se cuidadosamente as fúteis zombarias dos infiéis a respeito da ressurreição* do corpo e do Juízo final, que há de vir com bondade para os bons, com severidade contra os maus, com equidade para todos. Lembrando com execração e horror as penas dos ímpios*, deve anunciar-se, com ternura, o reino dos justos* e fiéis* – a famosa Cidade celeste e sua alegria*.

É preciso instruir a fraqueza do homem e fortalecê-la contra as tentações e os escândalos, seja no exterior, seja no interior da própria Igreja*: fora, contra os gentios*, os judeus, ou os hereges*; dentro, contra a

---

46. Sl 77,7; Rm 5,2.5.
47. No texto, ...*proque ipsius temporis modulo;* alguns interpretam esse passo como referindo-se à idade do ouvinte (cf. *Trattato Catechistico,* op. cit., p. 21). Parece, porém, tratar-se do tempo disponível, com o que se preocupa o autor ao longo de toda a obra.

palha da eira do Senhor. Não para discutir todas as castas de perversos e, em questões distintas, refutar suas opiniões insensatas, mas para mostrar, respeitando a escassez do tempo, que tudo foi predito; para mostrar a utilidade das tentações no aperfeiçoamento dos fiéis*, e o remédio que se encontra no exemplo da paciência de Deus, que decidiu permitir até o fim esses fatos.

Uma vez instruído contra esses que, em multidões perversas, lotam com o seu corpo as igrejas, lembrem-se-lhe de maneira sucinta e adequada os preceitos da conduta cristã e honesta, para que se não deixe seduzir facilmente por ébrios, avaros, embusteiros, jogadores, adúlteros, fornicadores, apreciadores de espetáculos, ministradores de remédios sacrílegos, encantadores, astrólogos ou adivinhos de quaisquer artes vãs e más e outros desse tipo[48]. Não pense que, seguindo-os, permanecerá impune, porque vê a muitos outros que se dizem cristãos* mas apreciam essas coisas – e não só as praticam, mas defendem, aconselham e ordenam.

Através dos testemunhos dos Livros divinos, deve-se mostrar-lhe o fim estabelecido para os que perseveram

---

48. Estes são fortemente condenados pelos Padres da Igreja: os mágicos, astrólogos e adivinhos nem eram aceitos como catecúmenos. Cf. Hipólito de Roma. *Tradição Apostólica*. Tradução de M. da G. Novak. Petrópolis: Vozes, 2004, p. 57ss.

em tal vida, e até que ponto hão de ser tolerados na própria Igreja*, da qual serão, ao fim, separados.

Deve-se dizer-lhe também que há de encontrar na Igreja* muitos cristãos* bons, autênticos cidadãos da Jerusalém celeste – se ele mesmo começar a ser bom.

Finalmente, é preciso aconselhá-lo com cuidado a não depositar *no homem* a sua esperança; um homem não pode julgar facilmente da retidão de outro e, mesmo que o pudesse com toda a facilidade, não é para isso que se nos apresentam os exemplos dos justos*: não é para que sejamos justificados* por *eles,* mas para que, imitando-os, tenhamos a certeza de que também nós seremos justificados* *pelo seu Justificador.*

Disto decorre algo da maior importância: quando aquele que nos ouve – ou melhor, ouve a Deus por nosso intermédio – começar a progredir nos costumes e na ciência e a entrar ardentemente no caminho de Cristo, não deverá atribuí-lo a nós, nem a si próprio; mas tanto a si mesmo, como a nós, e a quaisquer outros amigos que ame, amará naquele e por Aquele que o amou – inimigo – para, justificando-o*, torná-lo amigo!

Já não creio que necessites de mestre. Serás breve quando o tempo – o teu ou o dos ouvintes – for escasso; falarás mais longamente quando for mais longo: a própria necessidade o determinará, sem qualquer conselho.

Capítulo VIII

A catequese dos eruditos

12. Não deves absolutamente desprezar a hipótese de que venha a ti algum catequizando versado nas doutrinas liberais. Se decidiu tornar-se cristão* e para tanto se aproximou, certamente conhecerá muito das nossas Escrituras e letras. Ora, instruído, desejará somente participar dos sacramentos*[49].

Esses costumam investigar tudo cuidadosamente, não apenas no momento em que se tornam cristãos*, mas antes. Costumam também comunicar o impulso do seu coração*, e discuti-lo com quem podem fazê-lo.

Deve-se trabalhar depressa com eles, sem insistir desagradavelmente nos pontos que conhecem, mas tocando-os de leve, como para dizer que sabemos serem uns e outros do seu conhecimento. Exporemos rapidamente tudo o que se incute nos rudes e ignorantes; o erudito não ouvirá assim o que sabe como quem o ouve de um professor e, por outro lado, aprenderá o que ignora.

Também não é inútil interrogá-lo sobre as razões que o trouxeram ao cristianismo*.

---

49. Hb 12,22. O autor refere-se aos primeiros sacramentos, Batismo, Confirmação e Eucaristia. Cf. *Gloss.* art. *Sacramento.* Cf. tb. *Tradição apostólica,* op. cit., p. 60ss.

Vendo-se que foi persuadido pelos livros – ou canônicos ou de bons intérpretes – dir-se-á, no início, algo a respeito deles, elogiando-os segundo a diversidade dos méritos da autoridade canônica e a habilidade e exatidão dos intérpretes.

Encarecer-se-á, principalmente, nas Escrituras canônicas, a simplicidade oportuníssima de sua admirável elevação e, nos últimos, o estilo de eloquência mais sonora e como torneada, adequada, segundo a habilidade de cada autor, aos espíritos mais brilhantes e por isso mais fracos[50].

Conseguir-se-á também que indique os autores que mais tenha lido, os livros que mais intimamente conhece e os que persuadiram a querer associar-se à Igreja*[51]. E daremos alegremente nossa aprovação se conhecermos esses livros ou se soubermos pela voz corrente na Igreja* que foram escritos por algum católico* digno de ser lembrado.

---

50. Para o autor, os *espíritos mais brilhantes são mais fracos* pelo fato de que se prendem mais à forma literária, esquecendo o valor real das Escrituras. Cf. *Trattato Catechistico,* op. cit., p. 24. O próprio Agostinho, habituado à leitura dos clássicos, ao começar a interessar-se pelo cristianismo sentiu, lendo as Escrituras, tremendo impacto, chegando mesmo a abandonar a leitura. Cf. BOISSIER, G. *La fin du paganisme*. Paris: Librairie Hachette, 1891, vol. I, p. 301 ss.
51. Nas *Confissões* (III,4), o autor afirma que foi a leitura do *Hortensius* de Cícero que *voltou suas orações em direção ao Senhor*.

Se, porém, veio dar em obras de algum herege* e ignorando, talvez, o que a verdadeira fé desaprova conservou-o no espírito* e julga-o católico*, deve ser cuidadosamente instruído. Considerar-se-á, antes de tudo, a autoridade da Igreja* universal e dos outros espíritos mais doutos que brilham nas controvérsias e escritos quando se trata da verdade da Igreja*.

Também os que morreram católicos, e deixaram aos pósteros obras cristãs, ou não foram entendidos em alguns passos de suas obras, ou – porque a fraqueza é humana – puderam penetrar muito pouco, apesar da agudeza de sua mente, as verdades mais profundas, e se afastaram da verdade pela ilusão do verdadeiro. Surgiram assim para os atrevidos e audaciosos oportunidades de urdir heresias* e dá-las à luz. O que não é de admirar, pois a partir das próprias obras canônicas – nas quais tudo foi dito com a maior sabedoria – muitos desenvolveram doutrinas perigosas, quebrando a unidade da nossa fé. E o fizeram interpretando diferentemente quer o pensamento do escritor, quer a própria verdade. Se fosse só isso, quem não perdoaria de boa vontade a fraqueza humana pronta a corrigir? Mas, tendo opinião disparatada e errônea, defenderam-na com acérrima animosidade e obstinada arrogância!

Todos esses assuntos devem ser tratados em discussão afável com o que se aproxima da sociedade do povo cristão, não como um iletrado[52], mas como um homem polido e cultivado pelos livros dos doutores.

Só se assumirá a autoridade de recomendar-lhe que se acautele contra os erros da opinião na medida em que a humildade que o trouxe parecer admiti-lo.

Tudo o mais, o que quer que segundo as regras da doutrina da salvação[53] se narre ou se discuta a respeito da fé, dos costumes ou das tentações, deve ser tratado como aconselhei e referido àquele *caminho mais excelente de todos*[54].

Capítulo IX

Os gramáticos e oradores. A voz para os ouvidos de Deus é o sentimento da alma

13. Alguns novatos vêm das numerosíssimas escolas de gramáticos e oradores: não os contes nem entre os ignorantes, nem entre os mais doutos, cuja mente foi adestrada pelas grandes questões. Eles parecem exceder os outros na arte de falar; ao pretenderem tornar-se cristãos* devemos dizer-lhes, mais insistentemente que aos iletrados, que os aconselhamos com empenho a assumir

---

52. No texto, ...*non idiota, ut aiunt*...
53. Tt 1,9; 2,1; 2Tm 4,2.
54. 1Cor 12,31; 13,13.

a humildade cristã. Aprenderão assim a não desprezar aqueles que – eles bem o sabem – evitam mais os vícios dos costumes que os vícios da linguagem; e não se atreverão a comparar com um coração* puro a língua cultivada que costumavam preferir[55].

Aprenderão também principalmente a ouvir as divinas Escrituras: não lhes desagrade, porque não é empolada, a linguagem sem rebuços; saibam que as palavras e ações dos homens que nesses Livros se leem, envolvidas e dissimuladas por mantos carnais, devem, para ser entendidas, revolver-se e descobrir-se – e não tomar-se ao pé da letra. A utilidade do segredo – do qual inclusive essas ações tomam o nome de mistérios* – e o valor dos obscuros enigmas para aguçar o amor* à verdade e fazer cair o torpor do fastio ser-lhes-ão demonstrados pela própria experiência, quando um fato incapaz de comovê-los é posto a descoberto pela explicação de uma alegoria*.

Eles precisam realmente saber que as ideias devem ser postas acima das palavras, assim como a alma é posta acima do corpo: é preferível ouvir palavras mais

---

55. O autor refere-se, provavelmente, ao fato de que muitos sacerdotes da África, de língua púnica, pronunciavam mal as orações em latim. Cf. *Trattato Catechistico,* op. cit., p. 27.

verdadeiras que elegantes, como é preferível ter amigos mais prudentes que belos.

Saberão também que não há *voz* para os ouvidos de Deus, mas *sentimento da alma*. E não zombarão ao verem chefes e ministros da Igreja invocando, talvez, a Deus com barbarismos e solecismos, ou separando confusamente, por não as entenderem, as próprias palavras que pronunciam.

Claro que esses erros devem ser corrigidos para que o povo diga *Amém* ao que entende perfeitamente; mas também devem ser tolerados piedosamente pelos que souberem ser louvados pela oração, na Igreja, assim como pela voz, no foro. A palavra forense pode algumas vezes, talvez, ser chamada uma *boa dicção*, nunca porém uma *bênção*[56].

A respeito do sacramento* que vão receber, é suficiente aos mais perspicazes ouvir o que significa; para os menos atilados deve-se lançar mão de palavras e analogias um tanto mais numerosas, a fim de que não menosprezem o que veem.

---

56. No texto, *Itaque forensis illa nonnunquam forte bona dictio, nunquam tamen benedictio dici potest.*

Capítulo X

Como conseguir a alegria. Seis causas de enfado para o catequista

14. Talvez desejes um modelo de exposição. Talvez desejes que eu te mostre com a própria obra como pôr em prática o que aconselhei.

É o que farei como puder com a ajuda de Deus; antes porém falarei, como prometi, a respeito da alegria* que é preciso alcançar.

Sobre as normas de exposição do assunto da catequese* na instrução dos que vêm tornar-se cristãos*, cumpri suficientemente, parece-me, o que havia prometido.

Não é certamente indispensável que eu mesmo faça, nesta obra, o que aconselho fazer. Se o fizer, portanto, há de ser como um acréscimo: e como posso "derramar" um acréscimo antes de preencher a medida do débito?[57]

Na verdade, o que mais te ouço lamentar é que a tua palavra te parece vulgar e sem elevação quando inicias alguém no cristianismo*.

---

57. Textual: *Cumutus autem quo pacto a me superfundi potest, antequam mensuram debiti expleuero?* O autor emprega a imagem com mestria e beleza.

Sei que isto não se prende tanto ao que deves dizer – pois és suficientemente preparado e instruído – nem à pobreza da própria elocução, mas ao enfado do teu espírito*.

Entediamo-nos, como afirmei, porque nos encanta o que em silêncio vemos claramente com o nosso espírito* e não queremos ser afastados para o ruído muito diferente das palavras![58] Ou porque, mesmo quando a palestra é encantadora, mais nos agrada ouvir ou ler melhores, expostas sem preocupação ou inquietação nossa. Aborrece-nos harmonizar, para a sensibilidade alheia, palavras improvisadas, sem saber se correspondem exatamente às ideias ou se são recebidas com proveito.

Ou talvez nos desgoste voltar sempre às mesmas verdades que se ensinam aos catecúmenos*: conhecidíssimas por nós, não são já necessárias ao nosso progresso, e o espírito* não mais pode sentir qualquer prazer em seguir por caminhos tão comuns, e como pueris.

Também o ouvinte pode enfadar ao locutor [imóvel – ou por insensível, ou simplesmente por não indicar, com qualquer movimento do corpo, que entende ou aprecia o que se lhe diz][59]. Não que se deva ambicionar o louvor humano, mas porque vem de Deus o

---

58. Cf. 2,3 na presente obra.
59. Trecho entre colchetes ausentes de muitos mss e das edições de Amerbach e Erasmo.

que ensinamos: e quanto mais amamos aqueles a quem falamos, tanto mais desejamos que lhes agrade o que lhes oferecemos para sua salvação. Entristecemo-nos quando tal não acontece, e nos esgotamos e abatemos na nossa marcha, como se trabalhássemos inutilmente!

Outras vezes, somos desviados de algo que desejamos fazer, de atividade que nos agradava ou parecia muito necessária, para aceitar um candidato. Obriga-nos uma ordem de alguém a quem não queremos ofender, ou um pedido insistente e irrecusável de outros. Acedemos perturbados a uma tarefa para a qual é necessária grande tranquilidade; lamentamos não poder conservar nossa própria ordem de trabalho e não podermos ser suficientes para tudo. Resulta dessa tristeza uma preleção menos agradável, porque da aridez do abatimento flui menos abundante...

Às vezes profunda aflição nos invade o peito por causa de um escândalo. No entanto, ignorando o fogo que escondido nos destrói, dizem-nos: "Vem, fala com este; deseja tornar-se cristão"*. Não convindo mostrar-lhes nossa dor, empreendemos com grande má vontade o que desejam, e a conversa frouxa e desagradável é entrecortada pela pulsação ardente e inflamada do coração!*

Em resumo, para todas essas causas, para qualquer delas que obscureça a serenidade da nossa mente, devem ser procurados ao pé de Deus os remédios com os quais se alivie a tensão, a fim de que exultemos com o fervor do espírito* e nos alegremos na tranquilidade do bom trabalho. *Deus ama a quem dá com alegria**60.

Remédio contra a primeira causa do enfado

15. Se nos entristece o fato de que o ouvinte não nos acompanha somos obrigados a descer, de alguma forma, das alturas do pensamento e demorar-nos na lentidão das sílabas... tão longe, tão abaixo!

E nos perguntamos de que maneira diremos – por longos e obscuros circunlóquios – o que foi concebido por um rapidíssimo hausto do nosso espírito*61. E porque a enunciação é muito diferente do pensamento, aborrece falar e agradaria calar! Lembremo-nos, porém, do quanto padeceu por nós aquele que nos deixou o seu exemplo para que lhe sigamos os passos[62]: por mais diferente que seja nossa voz articulada da vivacidade da nossa inteligência, muito mais diferente é a mortalidade da carne da eternidade de Deus. E, contudo, permanecendo na mesma forma, *aniquilou-se a si mesmo assumindo a condição de escravo,* etc., até *morte de Cruz*[63]. E

---

60. 2Cor 9,7.
61. Cf. 2,3 na presente obra, e nota 8.
62. 1Pd 2,21.
63. Fl 2,6-8. Cristo era de condição divina; mas não se prevaleceu de sua igualdade com Deus.

por que, senão porque se fez *fraco como os fracos, a fim de ganhar os fracos*?[64]

Ouve seu imitador dizendo ainda em outro passo: *De fato, se somos arrebatados fora dos sentidos, é por Deus; se somos sóbrios, é por Vós. O amor* de Cristo nos constrange, considerando que um só morreu por todos*[65].

Como, realmente, estaria preparado para sacrificar-se por suas almas[66], se lhe custasse inclinar-se até os seus ouvidos? Foi por isso que se tornou pequeno no meio de nós, tal como a mãe a acalentar os filhos[67].

A menos que a isso nos convide o amor*, agrada-nos murmurar palavras truncadas e mutiladas? Todos, no entanto, querem ter filhos, a quem digam essas palavras truncadas... e mais suave é para a mãe colocar na boca do filho pequeninos bocados mastigados que mastigar ela própria, ou engolir, maiores.

Não se afaste, pois, do nosso pensamento a lembrança daquela galinha que esconde sob as penas macias os tenros filhotes e, com voz quebrada, chama a si os

---

64. 1Cor 9,22; 1Ts 2,7.
65. 2Cor 5,13-14.
66. 2Cor 12,15.
67. 1Ts 2,7.

pintinhos pipilantes. Os orgulhosos, ao fugir-lhes das carinhosas asas, tornam-se presa das aves[68].

Se realmente o espírito* se regozija nos santuários puríssimos, também se encanta em compreender o amor*; quanto mais solicitamente desce às verdades mais simples, tanto mais firme volta às mais profundas, nada pedindo – consciência reta – àqueles até os quais desce, além da salvação eterna.

Capítulo XI

Remédio contra a segunda causa do enfado

16. Preferimos ler ou ouvir preleções já prontas e melhores e por isso aborrece-nos improvisar, com resultado incerto, o que dizemos. Basta que o espírito* se não afaste da verdade. Se algo em nossas palavras ferir o ouvinte, o próprio fato deve ensinar-lhe até que ponto se podem desprezar os sons menos corretos ou menos apropriados, se a verdade for apreendida: realmente, *as palavras* soam apenas para que *a coisa* seja entendida.

Na instrução dos catecúmenos*, em que se deve trilhar caminho pisadíssimo, dificilmente acontecerá que a tendência da humana fraqueza nos afaste da verdade

---

68. Mt 23,37.

das coisas. Se se der o caso, porém, a fim de que não suceda também aqui chocar-se o ouvinte, consideremos o acidente como provindo de Deus, que deseja experimentar-nos: suportaríamos a correção com mansidão de espírito* para não nos precipitarmos em erro maior na defesa do nosso erro?

Se ninguém o assinalar, e permanecer completamente oculto – a nós e aos que o ouviram –, não haverá aflição, a menos que se repita.

Nós mesmos, ao rever os nossos comentários, discordamos sempre de alguns pontos e não sabemos como foram entendidos quando os proferimos. E quando ferve em nós a caridade*, mais nos lamentamos de que, embora falsos, tenham sido aceitos de bom grado.

Por isso, na primeira oportunidade, assim como nós mesmos em silêncio nos censuramos, devemos procurar corrigir também, pouco a pouco, aqueles que – não pelas palavras de Deus, mas claramente pelas nossas – caíram em algum erro.

Alguns *difamadores, caluniadores, inimigos de Deus*[69], cegos de louca inveja, podem alegrar-se por termos errado: aceitemos a oportunidade que se nos oferece

---

69. Rm 1,30.

de exercermos, com misericórdia, a nossa paciência: pois a paciência de Deus os conduzirá à penitência*[70].

Que pode ser mais detestável, e acumular mais *ira para o dia da cólera e da revelação* do justo Juízo de Deus*[71], que, à semelhança má e imitação do diabo*, alegrar-se com o mal alheio?

Às vezes, embora tudo seja dito corretamente e segundo a verdade, algo choca e confunde o ouvinte: algo que ele não entende, ou que é áspero pela própria novidade que representa contra a convicção e o uso corrente de um erro antigo. Se a confusão for evidente e parecer sanável, deve ser curada imediatamente com abundância de exemplos e argumentos. Se for silenciosa e oculta, o remédio de Deus poderá trazer socorro. Se o ouvinte se fechar em si mesmo e recusar a cura, console-nos o exemplo do Senhor: ao ver fugir homens feridos pelas suas palavras, porque fossem duras, disse aos que ficavam: *Quereis vós também retirar-vos?*[72]

Deve guardar-se bem gravado e firme no coração* que, decorridos os tempos, a Jerusalém cativa será libertada da Babilônia deste mundo e nenhum dos seus há de perecer – pois o que perecer não era dela: *o fundamento*

---

70. Desde o início dos tempos Deus é paciente (Ex 34,6; Sl 85,15). Cf. *Dic. Bíblico*, op. cit., art. *Paciência*.
71. Rm 2,4-5.
72. Jo 6,67; 17,12; 1Jo 2,19

de Deus se mantém firme, porque vem selado com estas palavras: o Senhor conhece os que são seus[73]*; renuncie à iniquidade todo aquele que pronuncia o nome do Senhor*[74].

Pensando nisso e invocando o Senhor no nosso coração*, temeremos menos os êxitos incertos da nossa prática, resultantes dos sentimentos incertos dos ouvintes; sentiremos mesmo prazer na própria resignação ante as mágoas que nos causa a obra de misericórdia – se não procurarmos nessa obra a nossa glória*[75].

O trabalho é realmente bom quando a intenção do trabalhador é estimulada pela caridade* e, como voltando ao seu lugar, de novo descansa na caridade*[76].

Quanto à leitura que nos agrada e à audição de uma expressão melhor do pensamento, é verdade que, porque as preferimos ao comentário que devemos apresentar, falamos com preguiça ou tédio; mas também é verdade que, graças a elas, experimentaremos após o trabalho maior entusiasmo e alegria* maior. Com mais confiança pediremos a Deus que nos fale como queremos, se aceitarmos de bom grado que fale através de nós como podemos... Por onde se vê *que todas as coisas concorrem para o bem daqueles que amam a Deus*[77].

---

73. Nm 16,5.
74. 2Tm 2,19.
75. Jo 7,18.
76. Fl 1,5-6.
77. Rm 8,28.

Capítulo XII

Remédio contra a terceira causa do enfado

17. Ora, se realmente nos desagrada repetir muitas vezes histórias comuns e próprias para crianças, adaptemo-las aos nossos ouvintes com amor* fraterno, paterno e materno e, unidos a eles pelo coração*, também a nós nos parecerão novas.

Tão poderoso é o sentimento da simpatia que, no momento em que eles são impressionados por nós – que falamos, e nós por eles – que aprendem, *habitamos uns nos outros.*

Assim, tanto eles como que *dizem em nós* o que ouvem, como nós, de certo modo, *aprendemos neles* o que ensinamos.

Não é o mesmo que acontece quando mostramos, a quem jamais os havia visto, os lugares suntuosos e belos da cidade ou dos campos? Nós, vendo-os amiúde, os percorríamos sem qualquer alegria*. Agora, no entanto, não se renova o nosso prazer pelo prazer de sua surpresa? E tanto mais se renovará quanto mais forem nossos amigos: porque, pelo vínculo do amor*, tanto quanto *estamos neles*, assim se tornam novas para nós as coisas que foram velhas.

Quando de alguma forma nos adiantamos espiritualmente na contemplação da verdade, não queremos que aqueles que amamos se alegrem e admirem ao contemplar obras de humanas mãos[78]. Queremos que se elevem até a própria arte ou desígnio do autor, e daí se ergam até a admiração e o louvor de Deus, Criador do Universo, no qual se encontra o fim do amor* mais fecundo[79].

Qual não deve ser nossa alegria* quando, para conhecê-lo, os homens se aproximam finalmente do próprio Deus, por quem deve aprender-se tudo o que se aprende?

Reviveremos ante a novidade dos fatos e nossa palestra, ainda que habitualmente fria, ferverá.

Acresce, para alegrar-nos, o podermos refletir e observar que o homem, morto pelo erro, passa à vida pela fé.

Se mostramos o caminho a alguém que sofre andando sem destino, atravessamos com generosa alegria* ruas conhecidíssimas! Muito mais ardorosamente, e com alegria* maior, ao conduzir pelos caminhos da paz uma alma digna de compaixão e cansada dos erros deste mundo, devemos percorrer a doutrina da salvação! E o faremos, ainda que por nossa própria causa não fosse

---

78. 2Tm 1,9.
79. Rm 1,20.

necessário recordar essa doutrina, porque no-lo ordena Aquele que nos garantia a paz[80].

Capítulo XIII

Remédio contra a quarta causa do enfado

18. É realmente difícil continuar falando até o fim proposto, quando não vemos comover-se o ouvinte!

Constrangido pelo temor da religião, ou contido pelo respeito humano, receia talvez demonstrar, pela voz ou por qualquer movimento do corpo, a sua aprovação. Ou não entende – ou despreza! – o que se lhe diz. Seu espírito* é indistinto para nós e não podemos examiná-lo; devemos, pois, tudo tentar pela palavra: tudo o que possa despertá-lo e como que arrancá-lo do seu refúgio.

Deve ser afastado com branda exortação o temor excessivo, que lhe impede manifestar a sua opinião; deve-se moderar-lhe a timidez, fazendo-o notar que está entre irmãos. É preciso descobrir por meio de perguntas se está entendendo, e incutir-lhe confiança para que fale sem temor se quiser opor alguma objeção. É preciso perguntar-lhe também se já ouviu alguma vez estas verdades, e se o não comovem – talvez por serem conhecidas e banais.

---

80. 2Tm 1,9.

Continuaremos de acordo com sua resposta: ou falando mais pormenorizada e claramente, ou refutando uma opinião contrária; ou ainda resumindo em poucas palavras, sem explicações muito longas, aquilo que conhece. Escolheremos alguns dos passos alegóricos dos Livros santos e, narrando-os com cuidado, explicando-os e desvendando-os, nossa exposição se tornará mais agradável.

Se o ouvinte é demasiado inepto, surdo e indiferente a tais encantos, deve ser suportado misericordiosamente. Pela narração concisa do resto, devem ser-lhe inculcadas as verdades mais importantes a respeito da unidade católica*, das tentações, da vida cristã, por causa do Juízo que há de vir.

...E mais se deverá dizer *a Deus,* por ele, que *de Deus,* a ele...

Como despertar o ouvinte cansado de ouvir ou de permanecer de pé. O costume, adotado em algumas igrejas, de ouvir sentado a Palavra de Deus

19. Às vezes acontece que o catequizando que a princípio ouvia com prazer, cansado de ouvir ou de ficar de pé, já não separe os lábios para elogiar, mas para bocejar... demonstrando, contra a vontade, que deseja ir embora.

Ao percebê-lo, devemos restaurar-lhe o ânimo. Diremos alguma frase temperada com honesta alegria* e adequada ao assunto de que tratamos. Algo maravilhoso e estupendo... ou aflitivo e lastimável... Algo que diga respeito a ele mesmo para que, picado pelo próprio interesse, desperte. Cuidaremos entretanto em não lhe ofender a modéstia com qualquer aspereza, mas em atraí-lo com familiaridade.

Podemos, talvez, socorrê-lo oferecendo-lhe uma cadeira. E sem dúvida melhor, no entanto, que desde o princípio ouçam sentados, sempre que possível. Em algumas igrejas* de ultramar não só os sacerdotes* falam sentados ao povo – o que é muito mais sensato – mas há também assentos colocados à disposição do povo: evita-se que algum dos presentes, mais fraco e cansado de ficar de pé, seja desviado em sua atenção, ou seja mesmo obrigado a afastar-se.

Há, porém, grande diferença entre retirar-se de uma grande multidão para reparar as forças alguém que já está preso pela participação dos sacramentos*[81], e afastar-se alguém que deve ainda receber os primeiros sacramentos*: este, por pudor, não diz por que se vai quando sua fraqueza não lhe permite ficar de pé (e, em

---

81. Mc 1,13.

geral, é inevitavelmente forçado a ir-se, a fim de não cair vencido por uma fraqueza mais profunda)[82].

Por experiência o digo. Um homem do campo assim agiu quando eu o instruía, e aprendi que se devem tomar precauções maiores. Quem nos suportará a arrogância se não convidamos a sentar-se conosco homens que são nossos irmãos, ou melhor – e isto é importantíssimo homens que desejamos tornar nossos irmãos? ...Se uma mulher ouvia sentada o próprio Senhor Nosso, assistido pelos anjos?*[83]

Claro, se a exposição for breve ou se o local não comportar uma multidão sentada, ouvirão em pé; mas apenas se os ouvintes forem numerosos e não estiverem sendo iniciados. Se houver um único ouvinte, ou dois, ou poucos, e tiverem vindo para tornar-se cristãos*, não se deve nunca falar permanecendo eles em pé. Contudo, se se tiver começado assim, pelo menos ao notar o tédio do discípulo, não só devemos oferecer-lhe um assento mas instar com ele para que se sente, e dizer-lhe algo com que se reanime; algo que lhe tire do ânimo a inquietação se é, porventura, vítima de alguma.

---

82. Para que o ardor do neófito não se extinga com a fraqueza física. Cf. *Trattato Catechistico*, op. cit., p. 36.
83. Lc 10,39.

Como são incertas as causas pelas quais um catecúmeno* se cala e se recusa a ouvir[84], deve-se dizer-lhe, uma vez que esteja sentado, algo contra os pensamentos que advêm dos negócios do mundo: ou de forma alegre, como eu disse, ou triste. Se esses pensamentos lhe ocupavam o espírito* hão de desaparecer, como frontalmente acusados. Se não, se ele estiver de fato cansado de ouvir, digamos algo inopinado e extraordinário como se as suas preocupações fossem (embora o ignoremos) essas mesmas: sua atenção ressurgirá do seu tédio.

Sejam breves porém essas digressões: estão fora de ordem, e o mal do fastio, que queremos remediar, não deve aumentar com o próprio remédio. Abreviem-se também os demais assuntos. E bom prometer – e apresentar – um fim...

Capítulo XIV

Remédio contra a quinta causa do enfado

20. Se, abatido pelo abandono de outra atividade mais necessária na tua opinião, falas aos catecúmenos* com amargo pesar, lembra-te da única certeza que temos: a certeza de que devemos entregar-nos com o coração* cheio de piedade, e com a mais sincera caridade*,

---

84. "...um catecúmeno se cala...": notar que não se trata de um *sermão*, mas de um *diálogo*, na catequese. Cf. 15,23.

ao que quer que façamos pelo próximo. Fora isso nada sabemos: nem o que é mais útil fazer, nem o que é mais oportuno interromper ou abandonar completamente.

Não sabemos quais para Deus os méritos daqueles por quem trabalhamos. Nem absolutamente sabemos o que no momento é conveniente para eles; no máximo, por uma tenuíssima e incertíssima conjectura, podemos suspeitá-lo: mas não compreendê-lo.

Organizemos os nossos trabalhos segundo nossa capacidade; se pudermos levá-los ao fim como programamos, alegremo-nos porque a Deus – não a nós – agradou que assim se realizassem. Se porém surgir alguma obrigação imperiosa e a nossa ordem for perturbada, submetamo-nos de bom grado não nos deixando abater: *seja a nossa própria ordem a ordem que Deus antepôs à nossa. É mais justo que nós sigamos a vontade dele que Ele a nossa.*

A ordem ideal, que queremos manter de acordo com nossa vontade, é digna de aprovação quando os trabalhos mais importantes precedem os outros. Por que então nós, homens, nos lamentaremos de ser precedidos pelo Senhor Deus – tão mais poderoso? Por que pelo fato de amarmos a nossa ordem desejaremos ser desordenados?

Ninguém organiza melhor o seu trabalho que aquele que é mais pronto em evitar o que é proibido pelo poder divino que desejoso de fazer o que é planejado pelo pensamento humano: *há muitos planos no coração* do homem, mas o desígnio do Senhor permanece eternamente*[85].

Remédio contra a sexta causa do enfado

21. É verdade que o Espírito* perturbado por um escândalo não consegue manter um diálogo sereno e agradável. Grande porém deve ser a caridade* para com aqueles por quem Cristo morreu querendo redimi-los dos pecados do mundo pelo preço do seu sangue[86]. Assim, o próprio fato de que se anuncie, a nós que estamos tristes, a presença de alguém que deseja tornar-se cristão*, deve ter o poder de consolar-nos e dissipar-nos a tristeza. Tal como costumam as alegrias dos lucros suavizar a dor dos prejuízos...

Um escândalo nos contrista quando acreditamos ou vemos que o seu autor perece, ou faz perecer um fraco[87]. E aquele que vem para ser iniciado na fé – esperando-se que possa fazer progressos – dissipará a dor causada pelo faltoso.

---

85. Pr 1,19-21.
86. 1Pd 1,18-19. Cf. *Tradição apostólica,* op. cit., p. 76.
87. 2Cor 11,29.

Vem-nos o temor de que o prosélito se torne filho do inferno*[88], como tantos outros que se encontram habitualmente sob os nossos olhos dando origem aos escândalos pelos quais nos consumimos. Não nos domine entretanto esse temor para retardar-nos, mas para animar-nos mais e estimular-nos. Assim, aconselharemos aquele que instruímos a acautelar-se para não imitar os que só de nome são cristãos*. Não queira, arrebatado pela multidão deles, segui-los; ou por causa deles desistir de seguir a Cristo. Nem se recuse a permanecer na Igreja* de Deus, onde eles se encontram, nem queira aí ser tal qual eles são.

Não sei por que, as palavras são mais ardentes nas advertências desse tipo. Alimenta-as a presença da dor: tornamo-nos menos indolentes e por isso mesmo dizemos mais inflamada e veementemente o que, livres de preocupações, diríamos fria e lentamente.

Alegremo-nos porque se apresentou uma ocasião na qual a agitação do nosso espírito* não deixará de frutificar.

Novamente a sexta causa

22. Se a tristeza se apoderar de nós por um erro ou pecado nosso, lembremo-nos de que um coração*

---

88. Mt 23,15.

esmagado pela dor é um sacrifício digno de Deus[89]; lembremo-nos também de que *assim como a água apaga o fogo, assim a esmola apaga o pecado*[90], e de que Ele diz: *Eu quero o amor mais que os sacrifícios*[91].

Se estivéssemos em perigo de incêndio, recorreríamos em primeiro lugar à água com que pudesse ser extinto, e agradeceríamos se algum vizinho no-la oferecesse. Assim também, quando uma chama de pecado se eleva do nosso feno[92] e nos inquietamos, a presença de uma oportunidade de agir misericordiosamente deve alegrar-nos como nos alegraria o oferecimento de uma fonte para apagar o que se houvesse inflamado.

...A menos que sejamos estultos a ponto de julgar que se deve correr mais rapidamente com o pão, para fartar o ventre de um faminto, que com a palavra de Deus, para instruir o espírito* daquele que dela se alimenta[93].

A isto acresce que, se o nosso trabalho fosse apenas útil mas não indispensável, estaríamos desprezando – infelizmente para a nossa própria salvação em perigo e não para a salvação do próximo – o remédio oferecido! Mas qual não é nossa loucura, quando se

---

89. Sl 50,19.
90. Eclo 3,33.
91. Os 6,6.
92. Isto é, das nossas paixões, que facilmente se acendem como o feno. Cf. *Trattato Catechistico,* op. cit., p. 40.
93. Dt 8,3; Mt 4,4.

ouve ameaçadoramente na boca do Senhor: "Servo mau e preguiçoso, devias ter confiado meu dinheiro aos banqueiros"?[94]

Atormenta-nos o nosso pecado e por isso queremos pecar novamente, negando a riqueza do Senhor a quem a deseja e pede?

Afastando-se a nuvem do desgosto por cogitações e considerações desse tipo, a vontade está pronta para a catequese* e poderá ser assimilado com agrado aquilo que, diligente e alegremente, prorrompe da abundância da caridade*.

Estas verdades, não tanto as digo eu a ti, como as diz a todos nós o próprio amor* que *foi derramado em nossos corações pelo Espírito Santo que nos foi dado*[95].

Parte II

Capítulo XV

A forma da mensagem deve variar de acordo com a diversidade dos destinatários

23. Já agora estarás pedindo talvez, com insistência, aquilo que te devo porque te prometi. E não me

---

94. Mt 25,26-27.
95. Rm 5,5.

desgostará desenvolver, para que o consideres atentamente, um modelo de exposição catequética como se eu mesmo instruísse alguém.

Antes porém quero me tenhas presente no espírito que uma coisa é a intenção daquele que redige pensando em um futuro leitor, e outra a do que fala dirigindo-se a um interlocutor presente.

Mesmo aqui é uma quando aconselhamos em segredo sem a presença de quem quer que possa julgar-nos, e outra quando ensinamos em público, rodeados por indivíduos de opiniões diversas. E, neste caso, é uma quando um só é instruído e outros estão a ouvir como avaliando ou confirmando fatos conhecidos por eles; outra, quando todos juntos esperam o que lhes diremos[96]. Ainda aqui é uma quando todos estão sentados como reunidos em casa para um diálogo, e outra quando o povo, calando-se em expectativa, olha atentamente para alguém que falará de uma tribuna.

Também é muito diferente haver poucos presentes, ou muitos; havê-los cultos ou incultos, ou uns e outros; serem da cidade ou do campo – ou uns e outros ao mesmo tempo; ou haver uma mistura total no povo.

---

96. O autor opõe o catequista à multidão de homens "todos juntos em expectativa"...

Essas circunstâncias influenciarão inevitavelmente aquele que vai narrar e explicar... e a exposição trará em si como que o reflexo da afecção do ânimo daquele por quem é proferida. Essa mesma diversidade impressionará diversamente os ouvintes, mesmo porque eles próprios se impressionam mutuamente, com a sua presença, de diverso modo.

Mas porque agora tratamos da instrução dos catecúmenos*, posso eu mesmo testemunhar que me impressiono diferentemente ao ver diante de mim para serem catequizados* o erudito, o tímido, o cidadão, o estrangeiro, o rico, o pobre, o civil, o magistrado, o poderoso, o representante desta ou daquela família, desta ou daquela idade, ou sexo, desta ou daquela seita, provindo deste ou daquele erro vulgar. É de acordo com a diversidade do meu sentimento que o meu comentário brota, se desenvolve e termina[97].

E, apesar de que a mesma caridade* se deve a todos, a todos não se aplica o mesmo remédio: assim também, a mesma caridade gera a uns, torna-se fraca em relação a outros, procura edificar a uns, teme ferir a outros; inclina-se diante de uns, ergue-se diante de outros; com uns carinhosa, com outros severa, de nenhum inimiga, de todos é mãe. E aquele que não tem experiência

---

97. Gl 4,20.

dessa caridade*, ao ver-nos, julga-nos felizes porque se alegra o pouco talento que nos foi dado em tornar-se conhecido com louvores pela boca da multidão.

Mas Deus, *em cujo olhar penetra o gemido dos cativos*[98], veja nossa humildade e sofrimento e perdoe as nossas faltas[99].

Se algo te agradou em nós e te levou a procurar ouvir de nós alguma observação sobre tua pregação, mais aprenderias vendo-nos e ouvindo-nos em ação, que lendo o que escrevemos.

Capítulo XVI

Exemplo de preleção catequética. Exórdio conduzido a partir do propósito louvável de aceitar a religião cristã em vista do futuro descanso. O descanso não deve ser procurado nos bens instáveis – nem nas riquezas nem nas honras

24. Admitamos que venha a nós desejando ser cristão* um ignorante, não do campo, mas da cidade, desses muitos que se é obrigado a conhecer em Cartago.

---

98. Ex 23-24; Sl 78,11. No texto, ...*in cuins conspectum intrat gemitus*...
99. Sl 24,18.

Interrogado sobre se deseja ser cristão* por causa de alguma vantagem na vida presente, ou por causa do repouso esperado após esta vida, responde que é por causa do repouso futuro.

Eis como deveremos provavelmente instruí-lo.

Graças a Deus, irmão. Felicito-te efusivamente e me alegro por ti visto que, nas tão numerosas e perigosas tempestades deste mundo, cogitaste a respeito de uma verdadeira e segura tranquilidade. Mesmo nesta vida os homens, a poder de grandes fadigas, procuram o repouso e a tranquilidade; por causa de suas viciosas ambições, porém, não os encontram. Querem descansar nos bens instáveis – e não nos permanentes: são-lhes aqueles arrancados pelo tempo e passam... e os atormentam com temores e dores e os não deixam tranquilos.

Querendo descansar nas riquezas, torna-se o homem mais soberbo que livre de preocupações! Não vemos quantos foram por elas perdidos subitamente e quantos, por sua causa, foram arruinados? Ou por terem desejado ardentemente possuí-las, ou por terem sido roubados por ambiciosos maiores, por elas dominados?

Ainda que as riquezas permanecessem com o homem por toda a vida e não abandonassem o seu favorito[100], ainda assim ele mesmo, pela morte, as abando-

---

100. No texto, *dilectorem*.

naria. Quão grande é a vida do homem, mesmo que chegue à velhice? O que desejam os homens, quando desejam a velhice, senão uma longa enfermidade?[101]

E as honras deste mundo o que são, exceto orgulho, vaidade e risco de destruição? Assim diz a santa Escritura: "Toda carne é como feno, toda a glória* do homem é como a flor do feno. O feno secou, a flor caiu; mas a palavra do Senhor permanece eternamente"[102].

Assim, aquele que desejar o verdadeiro repouso e a verdadeira felicidade deve elevar sua esperança acima dos bens mortais e transitórios e colocá-la na palavra do Senhor; para que, aderindo ao que permanece eternamente, também ele mesmo permaneça eternamente[103].

Os que procuram o descanso nos prazeres da carne e nos espetáculos

25. Outros há que nem ambicionam ser ricos nem ambicionam chegar às vãs pompas das honras: mas querem alegrar-se e descansar nas tabernas e bordéis, e nos teatros e espetáculos de frivolidades que, nas grandes cidades, podem ter de graça.

---

101. Sl 6,3-4; 89,10-11.
102. Is 40,6-8.
103. Sl 7,2; 115,1-2; 116,2.

Eles mesmos esgotam na luxúria sua pobreza e da indigência precipitam-se, a seguir, nos furtos e arrombamentos e, às vezes também, nos assaltos a mão armada: subitamente, enchem-se de muitos e grandes temores! Aqueles que pouco antes cantavam na taberna sonham já com os castigos do cárcere!

Por sua paixão dos espetáculos, tornam-se semelhantes aos demônios*. Incitam, com seus clamores, a ferirem-se mutuamente e a empenharem-se em obstinadas lutas, para agradar a um povo insano, homens que jamais se haviam ofendido.

Se percebem que os contendores estão combinados, odeiam-nos e os perseguem e bradam exigindo que sejam açoitados como culpados de conluio: obrigam a cometer essa iniquidade o juiz – vingador das iniquidades!

E se souberem que terríveis inimizades impelem uns contra os outros os chamados histriões*, ou os atores, ou os músicos, ou os condutores de carros, ou os caçadores – míseros que se reúnem em torneios e combates não só de homens contra homens mas também de homens contra feras?! Quanto mais sentem que se enfurecem pela discórdia, mais os apreciam e mais se encantam! Aplaudem os impetuosos e, aplaudindo-os, mais os excitam! Os próprios espectadores tomam partido: enfurecem-se mais uns contra os outros que aqueles loucos dos quais desafiam a loucura, e que desejam, enlouquecendo eles mesmos, olhar!

Como poderá ter a saúde da paz o espírito alimentado por discórdias e lutas?

Finalmente – ainda que os prazeres insanos não sejam prazeres, ainda assim, o que quer que sejam, e por mais que agradem a ostentação das riquezas e o orgulho das honras, a voragem das tabernas e as lutas dos teatros, a imundície das fornicações e a excitação dos banhos quentes[104] – uma febrezinha leva tudo isso e, embora nos deixe vivos, tira-nos toda essa falsa felicidade: o que fica é uma consciência vazia e ferida que há de sentir, como Juiz, o Deus a quem não aceitou como guardião; e há de achar áspero o Senhor a quem desdenhou procurar e amar como Pai querido.

Tu, ao contrário, porque procuras o verdadeiro descanso prometido aos cristãos*[105] depois desta vida, prová-lo-ás, suave e encantador, ainda aqui entre os pesares amaríssimos desta vida, se acatares os mandamentos daquele que o prometeu.

Porque não vieste unir-te à Igreja* de Deus para reclamar dela qualquer benefício temporal, logo perceberás

---

104. Também na cultura grega, em certa época, os banhos quentes foram condenados. Cf. Aristófanes, *As nuvens,* cf. 1046.
105. Hb 4,10; Ap 14,13.

que são mais doces os frutos da justiça* que os da iniquidade, e que o homem se compraz mais verdadeira e alegremente com uma consciência reta, entre pesares, que com uma consciência má, entre delícias.

Capítulo XVII

Deve ser repreendido o que deseja ser cristão visando a obter vantagens temporais

26. Alguns há que têm vontade de ser cristãos* para merecer o favor daqueles de quem esperam vantagens temporais, ou porque não querem ofender aos que temem. São reprováveis: a Igreja* os tolera por um tempo como a eira tolera a palha até o momento da debulha. Se se não corrigirem e começarem a ser cristãos* por causa do futuro repouso eterno, serão ao fim postos de lado.

E não se iludam por estarem na eira com o trigo do Senhor: não estarão com ele no celeiro, mas estão destinados ao fogo merecido[106].

Outros, de melhor esperança, ainda assim não são de menor perigo: temem a Deus, não zombam do nome de cristão* e não entram na Igreja* de Deus com fingido coração*... Mas esperam a felicidade nesta vida,

---

106. Mt 3,12; 13,20; 1Cor 9,27.

e querem ser mais felizes nos assuntos terrenos que os que não honram a Deus! Veem poderosos celerados e ímpios sobressaindo quanto à prosperidade do mundo que eles mesmos, ao contrário, têm em menor grau ou perderam: confundem-se por isso, como se venerassem a Deus inutilmente, e com facilidade abandonam a fé.

É verdadeiramente cristão o que professa a religião com vistas ao repouso futuro

27. Mas o que, por causa da felicidade eterna e do perpétuo repouso que após esta vida se promete aos justos*, deseja tornar-se cristão; o que não quer ir para o fogo eterno com o diabo*, mas quer entrar no reino eterno com Cristo[107], esse é verdadeiramente cristão*.

É prudente na tentação, para não ser corrompido pelas situações favoráveis, nem abatido pelas adversas; é modesto e temperante na abundância dos bens terrenos e, nas tribulações, forte e paciente.

Seu espírito* progredirá a tal ponto que mais amará a Deus, que temerá a geena*: se *o Senhor lhe dissesse:* "Desfruta das delícias da carne para sempre e peca o quanto podes; não morrerás, nem serás enviado para a geena, mas somente não ficarás comigo", sentiria um

---

107. Mt 25,34.41.46; 1Cor 2,9; Hb 4,10; Ap 14,13.

calafrio e absolutamente não pecaria! Não para não cair naquilo que temia, mas para não ofender Àquele a quem tanto ama, no qual, unicamente, se encontra o descanso que *o olho não viu nem o ouvido ouviu; o descanso que não sobe ao coração * dos homens, e que Deus preparou para os que O amam*[108].

Narrem-se os fatos que devem ser aceitos como verdadeiros

28. Desse descanso fala a Escritura. Não silencia que desde o início do mundo, desde o momento em que fez o céu e a terra e todos os seres que neles há, Deus trabalhou seis dias e no sétimo descansou[109]. Onipotente, poderia fazer tudo em um só momento. Na verdade não trabalhou para descansar, pois *disse, e tudo se fez; mandou, e tudo foi criado*[110]: trabalhou para significar* que, depois das idades deste mundo, na sétima idade tal como no sétimo dia, há de descansar nos seus santos*[111]. E eles mesmos descansarão nele depois de todas as boas obras, nas quais o serviram e que Ele próprio realizou neles: Ele que chama, ordena

---

108. 1Cor 2,9.
109. Gn 1; 2,1-3.
110. Sl 32,9; 148,5.
111. Hb 4,10; Ap 14,13.

e perdoa os pecados passados, e justifica* o que fora, antes, um ímpio*[112].

Ora, quando os santos* por sua graça trabalham bem, diz-se com justiça* que Ele próprio trabalhou; quando descansam nele, diz-se com justiça* que ele próprio descansa.

No que ele mesmo concerne, não procura descanso porque não sente fadiga. Faz todas as coisas por meio do seu Verbo*[113]; e o seu Verbo* é o próprio Cristo, em quem repousam, em sagrado silêncio, os anjos* e os espíritos celestes mais puros.

Por que se fez homem o Filho de Deus

O homem, no entanto, caído pelo pecado, perdeu o repouso que tinha na divindade do Verbo*, e recebeu-o na sua humanidade: no tempo oportuno, em que Ele mesmo sabia que devia fazê-lo, o Verbo* se fez homem e nasceu de uma mulher[114].

Não podia evidentemente manchar-se pelo contato com a carne Ele que, ao contrário, haveria de purificá-la.

---

112. Sl 24,18; Rm 8,30.
113. Jo 1,3; Cl 1,16.
114. Gl 4,4.

Os antigos justos* souberam pela revelação* do Espírito que Ele viria e o profetizaram[115]. Foram salvos, crendo que viria, assim como nós, crendo que veio, somos salvos para amar a Deus. A esse Deus que de tal forma nos amou que enviou o seu único Filho para – humildemente revestido de nossa mortalidade – morrer tanto *pelos* pecadores como *para os* pecadores[116].

Há muito tempo – desde o início dos séculos – a grandeza desse mistério* não cessa de ser prefigurada* e prenunciada.

Capítulo XVIII

O que se deve crer a respeito da criação do homem e de todos os seres

29. Deus onipotente; bom, justo e misericordioso, fez todas as coisas boas; tanto as grandes como as pequenas, quer as mais altas, quer as ínfimas; as visíveis – assim como o céu, a terra e o mar; no céu, o sol, a lua e os outros astros; na terra e no mar, as árvores, os arbustos e os animais de cada espécie; e todos os corpos celestes e terrestres; e as invisíveis – como os espíritos* com os quais os corpos se animam e se conservam vivos[117].

---

115. 1Pd 1,10.
116. Jo 3,16-17; Fl 2,7-8; 1Jo 4,10.
117. Gn 1,1-25.

E fez o homem à sua imagem para que assim como Ele mesmo por sua onipotência governa toda a Criação*, assim o homem por sua inteligência, pela qual inclusive conhece e honra o seu Criador, governasse todos os animais da terra[118].

Criou também para ele, como auxiliar, a mulher[119].

Não para a concupiscência carnal*[120], visto que não tinham corpos corruptíveis antes que a condição mortal os invadisse como castigo do pecado. Criou-a para que o homem, orientando-a para Deus e oferecendo-se a ela para ser imitado pela santidade e pela piedade, tivesse na mulher um título de glória*; e ele próprio, indo no encalço da sabedoria divina, seria a glória* de Deus.

O homem colocado no paraíso. – Por que o criou Deus, sabendo que haveria de pecar. – A queda do homem e do anjo absolutamente não desserviu a Deus

30. Estabeleceu-os Deus em um lugar de perpétua beatitude, que a Escritura chama de Paraíso. Deu-lhes um mandamento: se o não transgredissem, permaneceriam para sempre naquela imortalidade feliz;

---

118. Gn 1,26.
119. Gn 1,27; 2,18.21-22; 1Cor 11,7.12.
120. Gn 2,25.

se, ao contrário, o transgredissem, pagariam as penas da mortalidade[121].

Deus, no entanto, sabia de antemão que haveriam de transgredi-lo. Sendo porém Criador e Autor de todo bem, criou-os ao criar também os animais para encher a terra de bens terrenos: sem dúvida o homem, mesmo pecador, é melhor que o animal.

O mandamento que não haviam de cumprir, deu-o Deus para que fossem indesculpáveis quando começasse a puni-los. Faça o homem o que fizer, encontrará Deus digno de louvor pelos seus atos: procedendo corretamente, encontra-o digno de louvor pela justiça* dos prêmios; pecando, encontra-o digno de louvor pela justiça* dos castigos; ao confessar os seus pecados e voltar a viver corretamente, encontra-o digno de louvor pela misericórdia das indulgências[122].

Por que não criaria Deus o homem, ainda sabendo de antemão que haveria de pecar? Por que, se Ele coroaria o que permanecesse firme, reergueria o que caísse e ampararia o que se levantasse – Ele mesmo, sempre e em toda parte glorioso por sua bondade, justiça*, clemência? Por que, se também – e principalmente – sabia de antemão que de sua raça mortal nasceriam santos?

---

121. Gn 2,8-17; 3.
122. Rm 1,20. A repetição enfática é do autor; encontra-se quatro vezes no texto a expressão *laudabilem inuenit*.

E que esses santos* não procurariam a glória* para si mesmos, mas para dá-la ao seu Criador e, venerando-o, livres de toda corrupção, mereceriam viver para sempre, e viver felizes, com os santos anjos?*

Deus, que deu aos homens o livre-arbítrio para que o adorassem não por servil necessidade mas na condição de homens livres, deu-o também aos anjos*. Por isso o anjo, que com os outros espíritos seus satélites faltou por orgulho à obediência a Deus e se tornou diabo*, não prejudicou a Deus, mas a si mesmo: pois Deus sabe reconduzir à ordem as almas que o abandonam; e sabe prover as partes inferiores de sua Criação* por causa de sua miséria – que é justa – com as leis* convenientes e apropriadas de sua administração admirável.

Assim, nem o diabo* desserviu de qualquer forma a Deus – quer por ter caído, quer por ter levado o homem à morte – nem o homem diminuiu em algo a verdade, o poder ou a felicidade de seu Criador por ter, por sua própria vontade, cedido à mulher guiada pelo diabo* no que Deus havia proibido.

Foram todos condenados pelas leis* justíssimas de Deus para a glória* de Deus através da equidade de sua vingança, tornando-se eles próprios ignominiosos pela infâmia do castigo[123]: tanto o homem, afastado de seu

---

123. Gn 3.

Criador, seria vencido, seria sujeitado ao diabo*, como também o diabo* seria exposto a ser vencido pelo homem convertido a seu Criador. E todos os que, até o fim, conjurassem com o diabo* iriam com ele para as penas eternas; todos os que, por outro lado, se humilhassem a Deus e pela sua graça vencessem o diabo* mereceriam os prêmios eternos.

Capítulo XIX

A separação final dos bons e dos maus na Igreja. As duas cidades que existem desde o início do gênero humano

31. Não devemos perturbar-nos porque muitos são os que conjuram com o diabo* e poucos os que seguem a Deus: também o trigo, em comparação com as palhas, tem número muito menor. Mas assim como o agricultor sabe o que fazer ao enorme acervo de palha, assim nada é para Deus a multidão dos pecadores: Ele sabe o que fazer deles para que a administração de seu reino não seja, em qualquer ponto, perturbada e manchada. E por isso que se não deve julgar que o diabo* já venceu porque atraiu muitos a si enquanto que, junto com eles, foi vencido por poucos[124].

---

124. Alusão ao Evangelho: *poucos são os escolhidos* (Mt 22,14). Cf. *Trattato Catechistico,* op. cit., p. 51.

Pois há desde o início do gênero humano e haverá até o fim dos séculos duas cidades, uma dos iníquos*, outra dos santos*. Misturados agora pelos corpos mas separados pela vontade, serão no dia do Juízo separados também pelo corpo.

Todos os homens que amam a tirania e o poder temporal com vão orgulho e aparato de arrogância e todos os espíritos* que escolheram tais caminhos e procuram sua glória* na sujeição dos homens estão fortemente unidos em uma única sociedade. Lutam frequentemente entre si por essas conquistas, e são precipitados na mesma profundeza pelo mesmo peso de sua cupidez e jungidos uns aos outros pela semelhança dos costumes e dos méritos.

Da mesma forma, todos os homens e todos os espíritos* que procuram humildemente a glória* de Deus, não a sua, e que o seguem piedosamente pertencem a uma mesma sociedade.

E Deus misericordiosíssimo é paciente com os ímpios* e lhes oferece oportunidade de penitência* e correção[125].

---

125. 2Pd 3,9. Cf. nota 70.

O dilúvio e a arca – A alegoria

32. Quanto ao fato de que o dilúvio* destruiu a todos exceto um justo* com os seus, que Ele quis salvar na arca[126], é preciso dizer que Deus sabia realmente que não haveriam de emendar-se.

Durante os cem anos porém em que a arca foi construída, pregava-se enfaticamente que a ira de Deus haveria de cair sobre eles[127]: se se convertessem a Deus, Ele os pouparia assim como poupou mais tarde a cidade de Nínive, que fez penitência* quando Ele lhe anunciou através do profeta* a futura ruína[128]. Assim age Deus mesmo para com aqueles que sabe que hão de perseverar na maldade, ainda quando lhes dê oportunidade de penitenciar-se. Quer exercitar e formar a nossa paciência com o seu exemplo: quer que saibamos o quanto devemos suportar, e com tolerância, os maus porque ignoramos como hão de ser mais tarde, já que Ele os poupa e lhes permite viver, Ele, para quem nenhum dos fatos futuros permanece oculto[129].

Anunciava-se também pela alegoria* do dilúvio* – na qual os justos* foram salvos por meio do lenho* – a

---

126. Hb 11,7; 2Pd 2,5.
127. Gn 6-7.
128. Jn 3.
129. Cf. 11,16 e 19,31 na presente obra. Cf. nota 70.

futura Igreja*, que seu Rei e Deus, Cristo, pelo mistério* da Cruz suspendeu acima da voragem deste mundo.

Não ignorava Deus que também dos que tinham sido salvos na arca nasceriam maus que novamente encheriam de iniquidades a face da terra: mas não só deu um exemplo do futuro Juízo, como também prenunciou a libertação dos santos* pelo mistério* do lenho*[130].

Mesmo após estes fatos, não cessou de multiplicar-se a maldade através da soberba, dos desejos e de impiedades revoltantes: porque os homens, abandonando o seu Criador, não apenas se inclinaram para a criatura que Deus criou – para adorar no lugar de Deus a obra de Deus – mas também inclinaram suas almas ante as obras das mãos dos homens e os trabalhos dos artistas[131]; com isso triunfaram deles mais vergonhosamente o diabo* e os demônios*, que se alegram em ser adorados e venerados em tais imagens*, alimentando seus erros com os erros dos homens.

Abraão e o povo de Israel (suas palavras e atos foram profecia)

33. Não faltaram justos* que buscassem piedosamente a Deus e vencessem a soberba do diabo*: eram os

---

130. Gl 3,13.
131. At 17,29; Rm 1,25. Cf. 12,17 na presente obra.

cidadãos daquela cidade santa, curados pela humildade que viria de seu Rei, Cristo, revelada pelo Espírito Santo.

Dentre eles Abraão, piedoso e fiel* servidor de Deus, foi escolhido para conhecer o mistério* do Filho de Deus para que, pela imitação de sua fé, todos os fiéis* de todos os povos viessem a ser chamados seus filhos[132].

Dele nasceu um povo pelo qual seria adorado o único Deus verdadeiro, que fez o céu e a terra, enquanto os outros povos seriam escravos de imagens* e demônios*. Nesse povo, realmente, foi representada com a maior evidência a futura Igreja*.

Havia aí uma multidão carnal*, que adorava a Deus por causa de benefícios visíveis. Havia também quem meditasse no futuro descanso e procurasse a Pátria celeste[133]; a esses, para que fossem pela fé curados de toda a soberba e orgulho, era revelada por meio de profecias a futura humildade de Deus Rei e Nosso Senhor Jesus Cristo.

Não só as palavras desses santos*, que precederam no tempo a natividade do Senhor, mas também a vida, os casamentos, os filhos – todos os seus atos – foram profecia deste tempo no qual a Igreja* por meio da fé na Paixão* de Cristo congrega todos os povos[134].

---

132. Gn 12,18; Gl 3,6.
133. Hb 11,14-16.
134. Is 8,1ss.; Os l,2ss.

Por intermédio dos santos patriarcas* e profetas* eram ministrados ao povo carnal* de Israel, que mais tarde se chamou também judeu, os benefícios visíveis que carnalmente desejavam do Senhor, e também coerções por meio de penas corporais com que eram aterrorizados como convinha à sua dureza.

Em todos esses fatos representavam-se os mistérios* espirituais que pertenceriam a Cristo e à Igreja*. E todos aqueles santos* eram também membros desta Igreja* ainda que, nesta vida, tenham existido antes de que segundo a carne Cristo nascesse.

O próprio Filho unigênito de Deus, Verbo* do Pai, igual ao Pai – e coeterno, pelo qual foram criados todos os seres, tornou-se homem por nossa causa[135]: para ser de toda a Igreja* o que a cabeça é do corpo.

Tal como o homem está inteiro ao nascer, ainda que nascendo apresente primeiro a mão; e tal como, sob a cabeça, aquela está ligada ao corpo e com ele forma um todo; tal como alguns desses patriarcas* nasceram apresentando primeiro a mão para simbolizá-lo[136], assim todos os santos * que estiveram na terra antes do Nosso Senhor Jesus Cristo, mesmo tendo nascido antes,

---

135. Jo 1,1-3; Cl 1,16.
136. Gn 25,25. Sobre a *mão*, cf. nota 18, nesta obra.

formaram um todo sob a cabeça com o corpo todo, de que Ele é a Cabeça[137].

Capítulo XX

A servidão dos israelitas no Egito. A libertação e o caminho através do Mar Vermelho. O símbolo do batismo. A imolação do cordeiro – figura da paixão de Cristo

34. O povo eleito levado para o Egito serviu a um rei duríssimo. Acabrunhado por trabalhos penosíssimos, procurou em Deus seu Libertador[138]. Foi-lhe enviado do seu próprio povo um libertador, Moisés, santo servo* de Deus, que pela força de Deus aterrorizou com grandes milagres a gente ímpia* do Egito e dali retirou o povo de Deus atravessando o Mar Vermelho: separando as águas, ofereceu passagem aos caminhantes. E os egípcios que os perseguiam foram mortos, afogados pelas ondas que voltavam[139].

Assim como a terra foi purgada da maldade dos pecadores pelo dilúvio* das águas, perecendo aqueles na inundação enquanto os justos* escaparam graças ao lenho*, assim também, saindo do Egito, o povo de Deus

---

137. 1Cor 12,12; Cl 1,18; Ef 4,15-16.
138. Ex 1,11-14; 2,23-24.
139. Ex 14,18ss.

encontrou um caminho por entre as águas pelas quais foram destruídos os seus inimigos.

Nem aí faltou o símbolo* do lenho*, pois Moisés bateu com força uma vara para conseguir o milagre.

Os dois fatos são o símbolo* do santo Batismo*, pelo qual os fiéis passam para uma nova vida: seus pecados, tal como inimigos, são destruídos e morrem[140].

Ainda mais claramente foi a Paixão* de Cristo representada naquele povo quando se lhes ordenou que matassem e comessem um cordeiro*, e com o seu sangue marcassem os umbrais das portas; e celebrassem isso cada ano e o chamassem Páscoa do Senhor[141].

De fato, a profecia diz a respeito do Senhor Jesus Cristo – de maneira evidentíssima – que *como um cordeiro foi conduzido à imolação*[142]. E com o sinal de sua Paixão* e Cruz que hoje és marcado* como um umbral, e são marcados todos os cristãos*.

A lei escrita pelo dedo de Deus

35. Dali foi aquele povo guiado pelo deserto durante quarenta anos. E recebeu a Lei*, escrita pelo dedo

---

140. Rm 6,4. Cf. 12,17 na presente obra.
141. Ex 12,3ss.
142. Is 53,7.

de Deus[143]. Esse nome designa o Espírito Santo, como se lê mui claramente no Evangelho*[144].

Deus não é limitado pela forma de um corpo nem se devem atribuir-lhe membros e dedos, como em nós os vemos. Assim como os dons de Deus[145] são distribuídos aos santos* pelo Espírito Santo, e se mantêm de acordo com a caridade* mesmo que tenham poderes diferentes, assim também nos dedos principalmente aparece uma divisão que não é porém um corte da unidade: por isso, ou por outro motivo qualquer, o Espírito Santo é chamado "Dedo de Deus". Ouvindo isto não se deve entretanto pensar em forma do corpo humano.

O povo escolhido recebeu, pois, a Lei* escrita pelo Dedo de Deus em *tábuas de pedra,* sem dúvida para representar-lhes a dureza do coração*, pois não iam cumprir a Lei!..*[146] O fato é que, desejando de Deus dons materiais, eram contidos muito mais pelo temor carnal* que pela caridade* espiritual: e a Lei*, só a caridade a cumpre*[147]. Assim, pressionados por um jugo servil,

---

143. Ex 1–20; 31–32; Nm 14,33; Dt 29,5.
144. Lc 11,20.
145. 1Cor 12,4ss.
146. Mt 19,8; 2Cor 3,2-3. No texto, *legem digito Dei scriptam in tabulis lapideis:* a expressão *tábuas de pedra* é clássica também em português. Cf. Ex 24,12; 31,18, etc. nas versões portuguesas citadas.
147. Rm 13,10.

foram sobrecarregados com muitos ritos externos e disciplinados nos alimentos, nos sacrifícios de animais e em muitos outros, que eram sinais das coisas espirituais pertinentes ao Senhor Jesus Cristo e à Igreja*.

Quanto ao gozo da salvação, essas marcas eram entendidas por uns poucos, que as observavam de acordo com o seu tempo. Pela multidão profana, ao contrário, eram somente observadas mas não entendidas[148].

Jerusalém – Imagem da cidade celeste

36. No meio de muitos e variados sinais das coisas futuras – que seria longo enumerar e que vemos agora cumprir-se na Igreja*, o povo eleito foi conduzido à Terra da Promissão, onde deveria reinar temporal e materialmente segundo o seu desejo. Esse reino terreno criou no entanto a imagem* do reino espiritual.

Foi aí fundada Jerusalém, a mais conhecida cidade de Deus, que, sendo escrava, é o sinal da Cidade livre chamada Jerusalém celeste[149]. A palavra é hebraica e significa "Visão de Paz". Seus cidadãos são todos os homens santificados no passado, no presente e no futuro e todos os espíritos* santificados – mesmo os que

---

148. Gl 5,11.
149. Gl 4,21-26; Hb 12,22.

nas regiões excelsas dos Céus obedecem a Deus com pia devoção, sem imitar a ímpia soberba do diabo* e dos seus anjos*.

O Rei dessa Cidade é o Senhor Jesus Cristo, Verbo* de Deus, por quem são governados os mais altos anjos*; Verbo* que assumiu a humanidade para assim governar também os homens que, todos, reinarão junto com Ele na eterna paz[150].

Como prefiguração* desse Rei, no reino terreno do povo de Israel, destacou-se principalmente o Rei Davi, de cuja estirpe viria segundo a carne o mais verdadeiro Rei, Nosso Senhor Jesus Cristo, *que é, sobre todas as coisas, Deus bendito para sempre*[151].

Muitos fatos aconteceram na Terra da Promissão, como prefiguração* da vinda de Cristo e da Igreja*; poderás aprendê-los, pouco a pouco, nos livros santos.

Capítulo XXI

O cativeiro da Babilônia e os fatos que aí têm um significado

37. Depois de algumas gerações, porém, Deus apresentou o mais pertinente dos símbolos*.

---

150. Jo 1,14.
151. Rm 1,3; 9,5.

A cidade foi capturada e grande parte dela foi levada para Babilônia[152].

Assim como Jerusalém representa a cidade e a aliança dos santos*, assim Babilônia representa a cidade e a aliança dos iníquos*. Seu nome, afirma-se, quer dizer "Confusão"[153].

Já falamos dessas duas cidades que correm do início do gênero humano até o fim dos séculos, confundidas através dos tempos, e que deverão ser separadas pelo último Juízo[154].

O cativeiro da cidade de Jerusalém, a migração do povo conduzido à Babilônia para ser escravo, tudo, portanto, foi ordenado pelo Senhor por intermédio de Jeremias, o profeta daquele tempo[155].

Havia em Babilônia reis, sob os quais serviam os israelitas como escravos; esses reis, por sua causa, comovidos pelos seus milagres, conheceriam, adorariam e ordenariam que fosse adorado o único verdadeiro Deus, que criou todos os seres[156].

Os cativos receberam ordem de rezar pelos que os mantinham em cativeiro e esperar, na sua paz, a paz

---

152. 2Rs 24-25.
153. Gn 11,9.
154. Cf. nesta obra o Cap. XIX.
155. Jr 27; Dn 3,28ss.
156. Dn 2-6, especialmente 2,46-49; 4,34; 6,26-28.

para gerarem seus filhos, construírem suas casas e plantarem seus jardins e vinhas.

Após setenta anos, foi-lhes prometida a liberdade daquele cativeiro[157].

Tudo isso marcava* simbolicamente que a Igreja* de Cristo havería de ser, em todos os seus santos*, que são os cidadãos da Jerusalém celeste, escrava de reis deste mundo.

Diz, na verdade, também a doutrina apostólica que *cada alma seja submetida às potestades mais altas*, e que se paguem *todos os débitos a todos: o tributo, a quem se deve o tributo; o imposto, a quem se deve o imposto*[158], e tudo o mais que, salvo o culto do Nosso Deus, pagamos aos príncipes das constituições humanas.

O próprio Senhor, para dar-nos um exemplo desta sã doutrina, como homem que era não desdenhou pagar um tributo[159]. Por isso é que se ordena aos escravos cristãos* que são também bons fiéis* que sirvam aos seus senhores temporais com igualdade de ânimo e fidelidade[160]. Porque eles os julgarão se até o fim os acharem

---

157. Jr 25-29.
158. Rm 13,1.7.
159. Mt 17,26.
160. Cl 3,22; Ef 6,5.

iníquos*; ou reinarão lado a lado com eles, se também eles se tiverem convertido ao verdadeiro Deus[161].

A todos se ordena servirem às autoridades humanas e terrenas até que – após o tempo prefixado que os setenta anos representam – seja a Igreja* libertada da confusão deste mundo assim como Jerusalém o foi do cativeiro de Babilônia.

Desde esse cativeiro, os próprios reis da terra, abandonando os ídolos em nome dos quais perseguiam os cristãos*, conheceram e adoram[162] o único verdadeiro Deus e Cristo Senhor. O Apóstolo* Paulo ordena que se reze por eles, ainda que persigam a Igreja*. Diz: "Acima de tudo peço insistentemente que se façam preces, adorações, súplicas pelos reis, por todos os homens e por todos os que estão constituídos em autoridade, para que possamos viver uma vida livre de inquietações e tranquila, com toda a piedade e caridade"[163].

E eles deram à Igreja a paz, embora temporal, e a tranquilidade temporal para edificar espiritualmente as casas e plantar os jardins e vinhas.

E eis que agora, com esta explicação, nós te edificamos e te plantamos. E isto se faz no mundo inteiro com a paz dos reis cristãos*, assim como disse também

---

161. 1Cor 6,2.
162. No texto, *cognouerunt et colunt*.
163. 1Tm 2,1-2.

o Apóstolo*: "Vós sois o campo de Deus, o edifício de Deus"[164].

Após o cativeiro da Babilônia, a liberdade

38. "Após os setenta anos simbolicamente profetizados por Jeremias para prefigurar o fim dos tempos, restaurou-se em Jerusalém, para completar a figura*, o edifício do templo de Deus[165]. Mas, porque tudo não passava de alegoria*, não foram firmes a paz e a liberdade devolvidas aos judeus. E, mais tarde, vencidos pelos romanos, tornaram-se seus tributários.

Desde o tempo em que receberam a Terra da Promissão começaram a ter reis; para que não pensassem que em algum de seus reis se cumpriria a promessa que lhes fora feita de um Cristo Libertador, Cristo foi profetizado mui claramente por meio de muitas profecias. Não só o foi pelo próprio Davi, no livro dos *Salmos*, mas também por outros grandes e santos profetas*, até o tempo do cativeiro de Babilônia. E nesse cativeiro houve os que profetizassem que o Senhor Jesus Cristo haveria de vir como Libertador de todos.

E depois que o templo, decorridos setenta anos, foi restaurado, tantas pressões e calamidades suportaram os

---

164. 1Cor 3,9.
165. 1Esd 1,1ss.; Jr 25,12; 29,10.

judeus por parte dos reis gentios* que compreenderam que ainda não viera o Libertador. Mas não entendiam que haveria de libertá-los espiritualmente, e o desejavam para a libertação da carne![166]

Capítulo XXII

As seis idades do mundo. A sexta idade – A partir do advento de Cristo

39. "Decorreram cinco idades do mundo." Estende-se a primeira da origem do gênero humano, isto é, de Adão, que foi o primeiro homem, até Noé, que construiu a arca do dilúvio*[167]. A segunda, até Abraão, que na verdade foi chamado o pai de todos os povos[168] que imitassem a sua fé, mas, pela descendência direta de sua carne, pai do futuro povo dos judeus. Esse povo, antes de os gentios* abraçarem a fé cristã, foi o único entre todos os povos de toda a terra a adorar o Deus único verdadeiro. Povo do qual viria Cristo, o Salvador, segundo a carne.

Estes sucessos decisivos das duas primeiras idades sobressaem nos antigos livros. Os das outras três são

---

166. Escravos, esperavam a liberdade política. Cf. *Trattato Catechistico,* op. cit., p. 59.
167. Gn 6.
168. Gn 17,4.

relatados também no Evangelho*, quando se relembra a origem carnal* do Senhor Jesus Cristo[169].

A terceira estende-se até o Rei Davi; a quarta, de Davi até o cativeiro pelo qual o povo de Deus emigrou para a Babilônia; a quinta, da migração até o advento do Senhor Nosso Jesus Cristo.

É nesse advento que começa a sexta idade: para que a graça espiritual – conhecida até então por poucos patriarcas* e profetas* – se manifestasse a todos os povos; para que ninguém adorasse a Deus a não ser por amor*, e não desejasse dele, em troca de sujeição, nem prêmios visíveis nem a felicidade da vida presente, mas só a vida eterna, com vistas ao gozo do próprio Deus.

Assim como no sexto dia o homem foi criado à imagem* de Deus, assim, nesta sexta idade, seja a mente humana renovada à imagem* de Deus[170].

A própria Lei* se cumpre quando, não pela ambição dos bens temporais mas pelo amor* daquele que legisla, se praticam todos os atos que Ele ordena[171].

Quem não aspirará a corresponder ao amor* de Deus, justíssimo e misericordiosíssimo? Desse Deus que mais que a si mesmo amou os homens mais injustos

---

169. Mt 1,17.
170. Gl 27.
171. Rm 13,10.

e soberbos?[172] E os amou a ponto de enviar por eles o seu único Filho, pelo qual criou todos os seres?[173] O seu Filho, que se fez homem sem sofrer transformação de sua própria natureza, mas assumindo a natureza humana para poder não só viver com os homens mas também morrer *para* eles e *por* eles?[174]

Cristo manifesta o Novo Testamento da herança eterna e ensina, pelo exemplo, o desprezo dos bens terrenos

40. Manifestando o Novo Testamento da herança eterna[175], no qual o homem foi renovado pela graça de Deus para viver uma vida nova, isto é, a vida espiritual, o Senhor Cristo feito homem desprezou todos os bens terrenos para mostrar que deviam ser desprezados, e suportou todos os males terrenos que mandava que se suportassem, para que nem naqueles se procurasse a felicidade, nem nesses se temessem a infelicidade. E o fez para mostrar como velho o Primeiro Testamento, no qual o povo carnal* – exceto uns poucos patriarcas* e profetas* e alguns santos* escondidos – seguia o *ho-*

---

172. 1Jo 4,19.
173. Jo 1,3; Cl 1,16; 1Jo 4,9-10.
174. Fl 2,6-8; cf. na presente obra 22,39: "morrer *para* eles e *por* eles..."
175. Rm 6,4-6; Hb 8,8-13; 9,15.

mem antigo e vivia carnalmente; e desejava do Senhor Deus prêmios carnais*, e os aceitava como figura* dos bens espirituais.

Nascimento, vida e morte de Cristo

Fez desaparecer todo o orgulho da nobreza carnal*, nascendo de Mãe não tocada pelo homem, que concebeu e permaneceu intacta – concebendo Virgem, dando à luz Virgem e Virgem morrendo[176] – e era casada com um operário.

Não querendo que ninguém se envaidecesse da importância de qualquer cidade da terra, nasceu na cidade de Belém, tão pequena entre todas as cidades da Judeia que ainda hoje é chamada *villa*, "arraial"[177].

Fez-se pobre – Ele a quem pertencem, e por quem foram criados todos os seres, para que ninguém, crendo nele, ousasse enaltecer-se pelas riquezas terrenas[178].

Embora toda a Criação* testemunhe o seu reino sempiterno, não quis ser aclamado rei pelos homens, para mostrar o caminho da humildade aos infelizes que a soberba separara dele[179].

---

176. Is 7,14; Mt 1,18-25; Lc 1,27.
177. Mq 5,1; Mt 2,1-6.
178. 2Cor 8,9; Cl 1,16.
179. Dn 7,27; Jo 6,15; 18,36-37.

Sentiu fome – O que a todos nutriu;

sentiu sede – Aquele por quem toda a bebida foi criada:

Aquele que, espiritualmente, é o Pão dos que têm fome, e a Fonte dos que têm sede.

Cansou-se do caminho terreno – Aquele que se fez, a si mesmo, o nosso Caminho para o Céu[180].

Emudeceu, por assim dizer, e ensurdeceu perante os que o insultavam – Ele, por meio de quem o mudo falou e o surdo ouviu.

Foi preso – Aquele que desatou os laços das doenças.

Foi flagelado – Ele que expeliu dos corpos dos homens os flagelos de todas as dores.

Foi crucificado – Ele que pôs termo aos nossos tormentos:

morreu – Ele que ressuscitou os mortos![181]

Mas também ressuscitou para nunca mais morrer: para que assim ninguém aprendesse com Ele a desprezar a morte, como se não houvesse de reviver!

---

180. Is 49,10; Mc 11,12; Jo 4,6ss.10ss.; 6,48-51; 14,6.
181. Is 45; 51; 53; Mc 7,34-37; Lc 5,15.

Capítulo XXIII

O Espírito Santo é enviado no quinquagésimo dia após a Ressurreição de Cristo

41. A partir de então, consolidando a fé dos seus discípulos, viveu com eles durante quarenta dias e diante deles subiu ao Céu.

Cinquenta dias após a Ressurreição* enviou-lhes, como prometera, o Espírito Santo para que, com a caridade* derramada por Ele em seus corações*, pudessem não só sem embaraço mas também com alegria* cumprir a Lei*.

Essa Lei*, a que chamam *Decálogo,* foi dada aos judeus em dez mandamentos, que se reduzem a dois: *amemos a Deus de todo o coração, com toda a nossa alma, com todo o nosso espírito*[182]; *e amemos o próximo como a nós mesmos.* O próprio Senhor, no Evangelho*[183], não só disse mas mostrou por seu exemplo que nesses dois preceitos se resumem toda a Lei* e os Profetas*.

Também quando o povo de Israel recebeu a Lei* escrita pelo "Dedo de Deus"[184] (palavra que já afirmamos que significa "Espírito Santo")[185], haviam decorrido

---

182. Dt 6,5.
183. Mt 22,37-40.
184. Ex 19,20.
185. Cf. na presente obra 20,35.

cinquenta dias completos desde o dia em que haviam prefigurado a Páscoa* matando e comendo o cordeiro*, com cujo sangue, para a salvaguarda de sua vida, marcaram os umbrais de suas casas[186].

Assim, após a Paixão* e Ressurreição* do Senhor, que é a verdadeira Páscoa*[187], o próprio Espírito Santo foi enviado aos discípulos. Já não significam as *tábuas de pedra* corações* duros.

Encontravam-se todos no mesmo local, na própria Jerusalém. Produzindo-se repentinamente um ruído vindo do céu como se soprasse um vento impetuoso, viram línguas que lhe pareceram como de fogo e começaram a falar outras línguas de tal modo que, de todos os que a eles vinham, cada um reconhecia sua própria língua. (Àquela cidade acorriam, de toda a terra, das regiões por onde andavam dispersos, judeus que tinham aprendido as diversas línguas dos diversos povos[188].)

A partir de então, pregando o Cristo com toda a confiança, os apóstolos faziam em seu nome muitos prodígios. Um dia, por exemplo, *passando Pedro, como sua sombra cobrisse um morto, este havia ressuscitado*[189].

---

186. Ex 12.
187. 1Cor 5,7-8.
188. At 2,1-11.
189. At 5,12-16; 1Cor 1,22-25.

Inflamados pelo desejo da vida evangélica, muitos judeus são convertidos pela pregação dos apóstolos

42. Ao verem os judeus que se operavam tantos prodígios em nome daqueles que, uns por inveja, outros por erro, haviam crucificado, enfureceram-se alguns na perseguição dos apóstolos* que o pregavam[190]. Outros, ao contrário – admirando-se muito de que se fizessem tantos milagres em nome de alguém que haviam oprimido, vencido e escarnecido – penitenciaram-se e converteram-se.

Creram nele milhares de judeus[191]. Já não eram os mesmos que desejavam de Deus apenas bens temporais e o reino da terra e esperavam carnalmente o rei prometido, Cristo. Compreenderam-no e amaram-no, a Ele que *por eles* suportara *deles* tanto... até a morte! Ele que lhes perdoara os pecados – até o do seu sangue! Que lhes mostrara, pelo exemplo da sua Ressurreição*, a imortalidade que devem esperar e desejar.

Reprimindo portanto os desejos terrenos do *homem antigo,* inflamando-se pela novidade da vida espiritual, vendiam tudo o que tinham – tal como o prescrevera o Senhor no Evangelho* – e depunham o preço dos seus bens aos pés dos apóstolos* para que eles mesmos o distribuíssem a todos, *segundo a necessidade de*

---

190. Mt 28,18; Lc 23,34; At 3,17.
191. At 2,37ss.; 4,4.

cada um[192]. Vivendo com um só coração*, unidos pelo amor* cristão, nada consideravam como seu: tudo lhes era comum, e a alma e o coração* um só em Deus[193].

Sofreram depois perseguição – mesmo por parte de judeus carnais*, cidadãos de sua carne. Foram dispersados: por sua dispersão, seria Cristo mais amplamente pregado e eles imitariam a paciência do seu Senhor, porque Aquele que *por eles* sofrera com mansidão ordenava aos que se haviam tornado mansos que sofressem *por Ele*.

As Igrejas estabelecidas por Paulo entre os gentios

43. Um desses perseguidores dos santos* fora o Apóstolo* Paulo, o mais violento contra os cristãos*.

Depois, porém, crendo e tornando-se apóstolo*, foi enviado a pregar o Evangelho* entre os gentios*, e sofreu pelo nome de Cristo males piores que os que praticara contra o nome de Cristo[194].

Estabelecendo Igrejas* em todas as nações por onde semeava o Evangelho*, recomendava energicamente aos fiéis que fizessem oferecimentos aos pobres das Igrejas* da Judeia que tinham acreditado em Cristo;

---

192. Mt 2,44-45; 4,34-35; 19,21; Lc 12,33; 18,22.
193. At 3,32-35.
194. At 8,3; 9,1ss.; 13,2ss.

dizia-lhes que, vindos do culto dos ídolos e sendo novos na veneração ao Deus único, não podiam servir a Deus pela simples venda e distribuição de seus bens. Dessa forma constituiu, pela doutrina apostólica, uns como soldados, outros como estipendiários provinciais[195].

Assim como fora anunciado pelo profeta*, assim implantou neles como *pedra angular* o Cristo, no qual uns e outros, como paredes vindas de diferentes direções – dos judeus, evidentemente, e dos gentios* – se unissem pela caridade* irmã[196].

Levantaram-se mais tarde contra a Igreja* de Cristo, por parte dos gentios* incrédulos, piores e mais frequentes perseguições. Cumpria-se todos os dias a Palavra do Senhor, "Eis que vos envio como ovelhas no meio dos lobos"[197].

Capítulo XXIV

A Igreja – tal como a videira – germina e é podada

44. Tal como foi profetizado e anunciado pelo próprio Senhor[198], a videira*, que por toda a terra es-

---

195. 1Cor 16,1ss.; 2Cor 8,9. Não lhes bastaria distribuir os seus bens entre os seus patrícios: deviam também distribuí-los entre os judeus.
196. Sl 117,22; Is 28,16.
197. Mt 10,16.
198. Jo 15,1ss.

palhava ramos cheios de frutos, germinava tanto mais quanto era regada pelo ubérrimo sangue dos mártires. A estes, que morriam em todas as terras em número incontável pela verdade da fé, cederam os próprios poderes que os perseguiam e, quebrada a obstinação da soberba, voltaram-se inteiramente para o conhecimento e veneração de Cristo.

Assim como fora anunciado pelo Senhor, era igualmente necessário que a videira* fosse podada e se cortassem dela os rebentos infrutíferos[199], de que brotaram aqui e ali as heresias* e os cismas* – sob o nome de Cristo, mas não pela sua glória* e sim pela glória* dos que a procuravam[200].

Por um lado a Igreja* seria cada vez mais atormentada por essas oposições, mas por outro provaria e evidenciaria tanto sua doutrina quanto sua paciência.

As profecias que se cumprem – a fé nas que faltam cumprir-se. O Juízo Final

45. Lendo todos esses fatos, preditos tantos anos antes, sabemos que se cumpriram. E assim como os primeiros cristãos* – que os não haviam visto realizar-se ainda – eram estimulados por milagres para que

---

199. Jo 15,2.
200. Jo 7,18.

cressem, assim também nós somos edificados para a fé: porque todos esses fatos se cumpriram exatamente como os lemos nos Livros: porque esses Livros foram escritos muito tempo antes que os fatos acontecessem, e porque todos os fatos ali proclamados como futuros já os podemos ver como presentes.

Confiando e perseverando no Senhor, creiamos sem qualquer dúvida que hão de vir também os acontecimentos que devem cumprir-se. Pois que se leem ainda nas mesmas Escrituras futuras tribulações e esse dia do último Juízo, no qual, tendo recuperado os seus corpos, hão de ressuscitar todos os cidadãos das duas cidades e hão de dar conta de sua vida ante o tribunal do Cristo Juiz.

Virá no brilho do seu poder Aquele que se dignou vir primeiro na humildade da humanidade. E todos os pios serão separados dos ímpios: não só dos que absolutamente não quiseram crer nele, mas também dos que creram nele ociosa e esterilmente: uns receberão o reino eterno como Ele, outros, a expiação eterna com o diabo*.

Mas assim como nenhuma alegria* das coisas temporais pode, por qualquer semelhança de aspecto, ser comparada com o gozo da vida eterna que os santos* hão de receber, assim também nenhum tormento das penas temporais pode ser comparado aos tormentos sempiternos dos iníquos*[201].

---

201. Mt 16,27; 25,31-46.

Capítulo XXV

É preciso crer na Ressurreição. Morte perpétua em meio aos tormentos

46. Assim, irmão, confirma-te a ti mesmo no seu nome e no auxílio daquele em quem crês, contra as línguas dos que zombam da nossa fé. Por meio destes diz o diabo* sedutoras palavras, querendo mais que tudo ridicularizar a fé na ressurreição*.

Crê a partir do exame de ti mesmo: haverás de existir – depois de ter existido, porque agora vês que existes – embora não tenhas existido antes[202].

Onde, há poucos anos, antes que houvesses nascido – ou antes que fosses concebido no seio materno, onde estava essa massa do teu corpo, e essa forma e articulação dos teus membros? Onde essa massa e essa estatura do teu corpo? Não foi dos ocultos segredos que, invisivelmente modelado pelo Senhor Deus, avançou para a luz e através do crescimento certo das idades cresceu até esse tamanho e esse aspecto?

É então difícil a Deus, que num instante reúne sem ser visto montões de nuvens, e em fração de segundos encobre completamente o céu, restituir o tamanho do

---

202. No texto, *...ex te ipso crede futurum te esse cum fueris, quando cum ante non fueris, nunc esse te uides.*

141

teu corpo assim como era, Ele que pôde fazê-lo quando não existia?

Crê, portanto, ardorosa e inabalavelmente, que todas as coisas, que parecem ser subtraídas aos olhos dos homens como por total destruição, permanecem salvas e inteiras para a onipotência de Deus. E Deus, querendo, sem qualquer demora ou dificuldade, reparará as que a sua justiça julgar devam ser reparadas.

Deem os homens conta de seus atos nos mesmos corpos em que os praticaram: neles recebam – como prêmio pelos merecimentos da piedade – a incorruptibilidade celeste[203]; ou – como paga da iniquidade – a condição corruptível do corpo que não é destruição pela morte, mas fornece matéria às dores eternas.

A vida eterna dos santos

47. Foge, portanto, irmão, por uma fé firme e costumes bons, foge dos tormentos nos quais nem as torturas se extinguem, nem os torturados morrem: é para eles morte sem fim o não poder morrer nas torturas![204]

E inflama-te do amor* e desejo da vida eterna dos santos*, na qual nem a ação será operosa, nem o descanso

---

203. 1Cor 15,53.
204. Mc 9,43-48.

ocioso. Louvor de Deus será, sem fastio, sem faltas: nenhum tédio na alma, nenhum cansaço no corpo. Nenhuma necessidade – nem tua, a que deseje atender, nem do próximo, a que te apresses a atender.

Deus será toda a delícia e saciedade da Cidade Santa, que viverá nele e dele, sabiamente e com felicidade.

Assim como foi prometido por Ele, assim como esperamos há muito tempo, seremos iguais aos anjos* de Deus[205]. Lado a lado com eles, gozaremos a Trindade, já então através do sentido da vista, nós que agora andamos no seu caminho pela fé[206]. Pois cremos o que não vemos a fim de, pelos próprios méritos da fé, merecermos ver e atingir aquilo que cremos.

E não mais com palavras de fé e com sílabas ruidosas gritaremos a igualdade do Pai, do Filho e do Espírito Santo, a unidade da própria Trindade e o modo como as três Pessoas são um só Deus: compreendê-lo-emos na mais pura e ardente contemplação, no maior silêncio!

---

205. Mt 22,30; Mc 12,25; Lc 20,36.
206. 2Cor 5,7.

É preciso precaver-se não só contra os pagãos, os judeus e os hereges, mas também contra os maus cristãos

48. Conserva tudo isso gravado no teu coração* e invoca a Deus, em quem crês, que te guarde das tentações do diabo*. Sê cauteloso para que se não insinue em ti o inimigo[207] que, para o mal-intencionado alívio de sua condenação, procura descobrir companheiros com quem seja condenado.

Ele ousa tentar os cristãos* não só por meio dos que odeiam o nome *cristão* e, lamentando que toda a terra esteja tomada por esse nome, desejam ainda servir como escravos aos ídolos e superstições diabólicas: tenta-os também, algumas vezes, através dos que a pouco lembramos, esses que cortados da unidade da Igreja* como de uma videira* podada são chamados *heréticos** ou *cismáticos*. Outras vezes, procura experimentá-los e seduzi-los por meio dos judeus.

Mas o que cada um deve é tomar o maior cuidado para não ser tentado e iludido por homens que se encontram na própria Igreja* católica* – esses que, como palha, a Igreja* tolera até o tempo da debulha[208].

---

207. Cf. *Gloss.* Art. *Demônio.*
208. Cf. 27,55, nesta obra. Cf. nota 231.

Deus é paciente com eles porque, através do exercício de sua perversidade, confirma a fé e a prudência dos eleitos. E também porque muitos se tornam melhores e, condoídos das próprias almas, voltam com grande entusiasmo a agradar a Deus. E graças à paciência divina, nem todos acumulam ira para o dia da cólera do justo Juízo de Deus: muitos, a mesma paciência do Onipotente os conduz à mais salutar das dores, a da penitência*[209].

Enquanto isso, exercita-se por meio deles não só a tolerância mas também a misericórdia dos que já estão no caminho reto.

Hás de ver muitos ébrios, avaros, trapaceiros, jogadores, adúlteros, fornicadores; verás a muitos que se atam com remédios sacrílegos[210], ou se entregam aos encantadores, astrólogos e adivinhos de quaisquer artes ímpias*.

Hás de notar, ainda, que enchem as igrejas* nos dias de festa as mesmas turbas que enchem os teatros nos dias solenes dos pagãos: e vendo-os, serás tentado a imitá-los.

---

209. Eclo 18,9ss.; Rm 2,4; 2Cor 7,9-10. Cf. G*loss.* art. *Penitência*.
210. Trata-se de bandagens nas quais se imprimiam sinais mágicos. Cf. *Trattato Catechistico,* op. cit., p. 67. Cf. tb. 7,11 na presente obra.

Por que digo *verás* o que, já no presente, com certeza sabes?... Não ignoras certamente que muitos, que se dizem cristãos*, praticam todos esses atos que em poucas palavras lembrei. E talvez não ignores que algumas vezes praticam faltas mais graves – esses mesmos que se chamam de cristãos*.

E, se vens com a intenção de, despreocupado, praticar os mesmos atos, muito te enganas: de nada te servirá o nome de Cristo quando começar a julgar severamente Aquele que antes se dignara socorrer misericordiosamente[211].

Ele o anunciou e o diz no Evangelho*: "Nem todo aquele que me diz Senhor, Senhor, entrará no Reino dos Céus, mas o que faz a vontade de meu Pai. Muitos me dirão naquele dia Senhor, Senhor, em teu nome comemos e bebemos"[212].

A condenação é o fim de todos os que perseveram em tais ações. Quando vires, portanto, muitos não só as praticarem mas também defendê-las e aconselhá-las, conserva-te na Lei de Deus e não sigas os prevaricadores[213]. Na verdade, não serás julgado segundo *o sentimento deles,* mas segundo *a verdade* dele.

---

211. 2Pd 2,12ss.
212. Mt 7,21-22; Lc 13,26.
213. Fl 3,18.

Associar-se aos bons, mas não depositar neles a sua esperança

49. Chega-te aos bons, que vês que contigo amam o teu Rei. Encontrá-los-ás, e muitos, se tu mesmo começares a ser bom. Pois se nos espetáculos desejavas encontrar e conservar junto de ti os que contigo apreciavam o condutor de carros, o caçador ou algum ator, quanto mais te deve agradar a companhia dos que contigo amam a Deus! Deus, de quem nenhum amigo jamais se envergonhará, não só porque ele próprio não pode ser vencido, mas ainda porque torna invencíveis os seus eleitos.

Entretanto, também não é nesses bons que te precedem ou te seguem no caminho de Deus que deves colocar tua esperança. Nem em ti mesmo deves colocá-la, por maior que seja o teu progresso, mas naquele que a ti e a eles torna bons pela justificação*[214].

Na verdade, estás seguro de Deus porque Ele não muda.[215] A respeito do homem contudo ninguém, prudentemente, pode estar seguro.

Agora, se devemos amar aqueles que ainda não são justos*, para que o sejam, quanto mais ardentemente devemos amar os que já o são... Mas uma coisa

---

214. Sl 77,7; Jr 17,5.
215. Ml 3,6.

é amar o homem, outra coisa pôr sua esperança no homem e tão grande é a diferença, que Deus ordena aquela e proíbe esta.

Se, sofrendo insultos ou tribulações por causa do nome do Senhor, não abandonares a fé[216] nem te desviares do bom caminho, hás de receber maior soldo; os que, porém, nas mesmas condições cederem ao diabo* perderão mesmo o menor.

Sê humilde diante de Deus para que não permita sejas tentado além das tuas forças[217].

Capítulo XXVI

A iniciação dos catecúmenos, com a explicação dos símbolos. Quando deve ser mais breve o comentário

50. Após dizer essas verdades, deve-se interrogar o catecúmeno sobre se acredita nelas e deseja observá-las. Quando houver respondido, deverá ser marcado* segundo o rito e tratado segundo o costume da Igreja*[218].

---

216. Os que se mantinham firmes na fé durante as perseguições eram denominados *confessores*. Cf. *Tradição apostólica,* op. cit., p. 54.
217. 1Cor 10,12-13.
218. Após o primeiro contato com as Escrituras, que Martimort chama de *catequese sumária,* o candidato a catecúmeno é submetido a um rito que consta de exsuflação, exorcismo, sinal da cruz com a oração *Preces Nostras,* bênção e entrega do sal. V.A.G. Martimort, *A Igreja em oração,* Introdução à Liturgia, Barcelos,

A respeito do sacramento* do sal[219], que recebe, é preciso ressaltar bem que, se os sinais das coisas divinas são visíveis, as próprias coisas invisíveis são reverenciadas neles. Consequentemente, o sal santificado pela bênção não deve ser usado para qualquer fim. Deve-se dizer-lhe também o que significam as palavras que ouviu[220] e o que nelas há que tenha relação com o sal.

Será depois advertido de que, se a partir desse momento ouvir, mesmo nas Escrituras, algo que soe carnalmente e que não entenda, deve crer no entanto que tem algum significado espiritual, concernente aos costumes e à vida futura. Aprenderá assim em poucas palavras que tudo quanto nos livros canônicos não puder ser referido ao amor da eternidade, da verdade e da santidade, e ao amor* do próximo, deve ser entendido figuradamente: tente entendê-lo de modo a relacionar tudo com aquele duplo amor*.

Assim também não deve entender *próximo* carnalmente: *próximo* é todo aquele que poderá vir a estar com ele na Cidade santa – quer possa, quer não possa ainda vê-lo. E não desespere da conversão de ninguém;

Edições Ora & Labora, Mosteiro de Singeverga e Desclée & Cie., 1965, p. 598-599.
219. No texto, *De sacramento* sane *quod accipit:* todos os intérpretes entendem *salis*.
220. Entenda-se: "as palavras rituais".

de nenhum desses que ele vê viver graças à paciência de Deus por um único motivo – por nenhum outro, como diz o Apóstolo*: para ser levado à penitência*[221].

Uma exposição mais breve

51. Se te parecer longa essa exposição com a qual instruí um catecúmeno* como se estivesse presente, poderás dizer mais concisamente o mesmo que eu disse. Mais longa, porém, não penso que deva ser a exposição. Entretanto interessa muito o que o próprio assunto sugere, à medida que se desenvolve, e o que os ouvintes não só suportam mas desejam.

Se houver necessidade de ser mais rápido, vê como é fácil explicar tudo. Supõe que se apresente alguém que deseje ser cristão* e, ao ser interrogado, responda tal como o primeiro (porque se o não fizer, deve-se dizer-lhe que deveria ter respondido).

Podes resumir como segue o assunto da catequese*.

O Filho de Deus foi enviado para que fôssemos libertados da morte que entrou através de Adão

52. Realmente, irmão, grande é a felicidade prometida aos santos* no mundo futuro.

---

221. Rm 2,4.

Na verdade tudo o que é visível passa; perecerão toda a pompa deste mundo, as delícias e a fome de saber, arrastando consigo para a perda os seus admiradores[222].

Deus misericordioso quis libertar dessa destruição, isto é, das penas eternas, os homens não inimigos de si mesmos e não resistentes à misericórdia do Criador.

Enviou o seu Filho unigênito, isto é, o seu Verbo*, igual a Ele mesmo, por quem foram criados todos os seres[223]. Este, permanecendo na sua divindade, sem se desviar do Pai, sem mudar em nada, assumiu a natureza humana.

Veio aos homens, mostrando-se aos homens em carne mortal: para que, assim como a morte entrou no gênero humano por um só homem (o que primeiro foi criado, Adão, que concordou com a mulher seduzida pelo diabo* em que transgredissem o mandamento de Deus), assim por um só homem, que também é Deus, Filho de Deus, Jesus Cristo, fossem apagados todos os pecados passados e todos os que acreditassem nele entrassem na vida eterna[224].

---

222. 1Jo 2,17.
223. Jo 1,1-5.
224. Gn 3,1-6; Rm 5,12-19; Cl 2,13-14; 1Tm 2,3-6.14; 1Jo 4,9-10.

Capítulo XXVII

Cumprem-se na Igreja as profecias do Antigo Testamento

53. Todos os fatos que agora vês na Igreja* de Deus, e vês acontecerem por toda a terra, em nome de Cristo, foram preditos há séculos. E, assim como os lemos, também assim os vemos: e somos edificados para a fé[225].

Ocorreu outrora um dilúvio* por toda a terra a fim de que os pecadores fossem destruídos. Os que escaparam na arca mostravam o simbolismo da futura Igreja*, que agora navega e flutua nas ondas do mundo e é libertada da submersão pelo lenho* da Cruz.

Foi predito a um só homem, a Abraão, fiel* servo* de Deus, que dele haveria de nascer um povo. Esse povo, entre todas as nações que adoravam ídolos, adoraria um Deus único. Tudo quanto foi predito a respeito desse povo aconteceu como foi predito[226].

Foi profetizado que o Cristo, Rei de todos os santos*, e Deus, viria desse povo, da raça do mesmo Abraão, segundo a carne que tomou, para que todos os que

---

225. Equivale a "somos conduzidos à fé". O autor emprega sempre a expressão *somos edificados,* em provável alusão ao fato de que o homem é considerado o "edifício de Deus" (1Cor 3,9). Cf. na presente obra 24,45.
226. Gn 12,2-3; Gl 3,7.

imitassem a Abraão na sua fé fossem chamados seus filhos. Assim foi feito: Cristo nasceu de Maria Virgem, que pertenceu àquela raça.

Foi predito pelos profetas* o que na Cruz haveria de suportar do próprio povo dos judeus, de cuja raça provinha, e assim se fez[227].

Foi predito que haveria de ressuscitar e ressuscitou. E, segundo as mesmas predições dos profetas*, subiu aos Céus e enviou o Espírito Santo aos seus discípulos[228].

Foi predito, não só pelos profetas* mas também pelo próprio Senhor Jesus Cristo, que sua Igreja* haveria de ser espalhada por toda a terra, pelos martírios e sofrimentos dos santos*: e foi predito quando o seu nome – ainda não conhecido de todos os povos – era ridicularizado onde se conhecia.

Pelo poder dos milagres que por si mesmo, ou por seus servos*, praticou, enquanto se anunciam e se acreditam estas verdades, vemos que se cumpre o que foi predito: os mesmos reis da terra que antes perseguiam os cristãos* são subjugados pelo nome de Cristo[229].

Foi predito que cismas* e heresias* sairiam de sua Igreja*, sob o seu nome, e se espalhariam por onde

---

227. Is 53.
228. Jl 3,1.
229. Is 2,1ss.; Mq 4,1ss.; Mt 24,14.

pudessem – procurando a sua própria glória*, não a de Cristo: e isto se cumpriu"[230].

Firma-se a fé nas profecias que faltam cumprir-se: o juízo final e a ressurreição

54. E os acontecimentos que faltam? Não hão de vir? É evidente que, assim como foram preditos e aconteceram aqueles, assim também estes hão de vir. Virão as tribulações dos justos*, quaisquer que sejam; virá o dia do Juízo, que separará os ímpios* dos justos* na ressurreição* dos mortos, e os lançará ao fogo merecido: não só os que se mantêm fora da Igreja*, mas também as palhas da própria Igreja* – que ela precisa suportar com a maior paciência até a última debulha[231].

Os que zombam da ressurreição*, julgando que esta carne não pode ressurgir porque apodrece, nela ressuscitarão para o castigo: mostrar-lhes-á Deus que Aquele que pôde fazer estes corpos antes que existissem pode, em um momento, reconstituí-los tal como eram.

Assim ressuscitarão, no mesmo corpo, todos os fiéis* que hão de reinar com Cristo para receberem como prêmio a incorruptibilidade angélica. Tornados iguais

---

230. Jo 7,18.
231. Mt 3,12. A figura já aparece nos *Salmos,* designando os ímpios que *não suportarão o Juízo* (1,4-6). Cf. nota 208.

aos anjos* de Deus, como o prometeu o próprio Senhor[232], possam louvá-lo sem qualquer desfalecimento e sem qualquer fastio, vivendo sempre nele e dele com alegrias e beatitude que não podem ser ditas nem imaginadas pelo homem.

É preciso precaver-se contra as tentações que se encontram na própria Igreja. – A sociedade com os bons. – Toda a esperança em Deus

55. Por isso tu, que crês nestas verdades, toma cuidado com as tentações porque o diabo* procura quem com ele se perca. Não permitas que o inimigo te seduza, não só através dos que estão fora da Igreja* – pagãos, judeus, hereges – mas através dos que, na própria Igreja* católica*, vivem mal: desregrados quanto aos prazeres do ventre e da boca[233], impudicos, entregues a vãs ou ilícitas curiosidades (de espetáculos, de sortilégios, de adivinhações diabólicas); ou vivendo em meio à pompa e ao orgulho da avareza e da insolência, ou em qualquer outro tipo de vida que a Lei* condena e pune. Não os imites: chega-te aos bons, que hás de facilmente encontrar se também fores bom. Adorai juntos e amai a Deus – *por amor*. Todo o nosso prêmio será Ele

---

232. Mt 22,30; Lc 20,36; 1Cor 15,5lss.
233. Fl 3,19.

mesmo, e na vida eterna gozaremos de sua bondade e de sua beleza[234].

Deus não deve ser amado como algo que se vê com os olhos; deve ser amado como se amam a sabedoria, a verdade, a santidade, a justiça, a caridade – e o que quer que assim se possa chamar – não como se encontram nos homens, mas como se encontram na própria fonte da sabedoria incorruptível e imutável.

Junta-te, pois, a quem quer que vejas amá-las a fim de que, pelo Cristo que se fez homem para ser o Mediador de Deus e dos homens, te reconcilies com Deus[235].

E não julgues que os perversos, ainda que transponham as portas da Igreja*, entrarão no Reino dos Céus: a seu tempo serão separados, se se não modificarem para melhor.

Imita os bons, tolera os maus e, porque não sabes o que será amanhã o que hoje é mau, a todos ama.

Não lhes ames porém a injustiça: ama-os para que se apossem da justiça*[236]. Lembra-te de que não só o amor* de Deus nos foi ordenado mas também o amor* do próximo; e de que *nesses dois mandamentos se resumem toda a Lei* e os Profetas**[237].

---

234. Gn 15,1; Is 56.
235. 1Tm 2,5.
236. Eclo 27,9.
237. Lv 19,18; Dt 6,5; Mt 22,37-40.

Só cumpre a Lei* aquele que recebeu o dom do Espírito Santo – sob todos os aspectos igual ao Pai e ao Filho; porque a própria Trindade é Deus, e em Deus deve ser posta toda a esperança. No homem, seja ele como for, não deve ser posta: uma coisa é Aquele *pelo qual* somos justificados*, outra, aqueles *com os quais* somos justificados*[238].

Por outro lado, o diabo* tenta não só por meio das ambições mas também pelo terror dos insultos, das dores e da própria morte. Maior será a recompensa daquele que, suportando o que quer que seja pelo nome de Cristo e pela esperança da vida eterna, sofrer permanecendo firme: porque, se ceder ao diabo*, com ele será condenado.

...Mas as obras de misericórdia e a humildade piedosa obtêm do Senhor não permita que os seus servos* sejam tentados além de suas forças[239].

---

238. At 2,38.
239. 1Cor 10,13.

Índice escriturístico*

Antigo Testamento

Gênesis

1: 6,10

1,1: 3,5

1,1-27: 18,29

1,26-27: 22,39

1; 2,1-3: 17,28

2,8-17: 18,30

2,18.21-22: 18,29

2,25: 18,29

2–3: 18,30

3: 18,30

3,1-6: 26,52

6: 22,39

6–7: 19,32

11,9: 21,37

12,2-3: 27,53

12,18: 19,33

15,1: 27,55

17,4: 22,39

25,25: 19,33

---

* A numeração que antecede os dois-pontos indica o livro bíblico. A numeração seguinte a eles mostra o capítulo e o parágrafo desta obra.

Êxodo
1,11-14: 19,33
1,14-23: 20,34
1–20: 20,35
2,23-24: 15,23; 19,33
12: 23,41
12,3ss.: 20,34
14,18ss.: 20,34
19,20: 23,41
31–32: 20,35
34: 20,35

Levítico
19,18: 27,55

Números
14,33: 20,35
16,5: 11,16

Deuteronômio
6,5: 23,41; 27,55
8,3: 14,22
29,5: 20,35

2Reis
24–25: 21,37

Esdras
1,1ss.: 21,38

Salmos
6,3-4: 16,24
7,2: 16,24
19,9: 3,6
24,18: 15,23; 17,28
32,9: 17,28
50,19: 14,22
77,7: 7,11; 25,49
78,11: 15,23
89,10-11: 16,24
110,10: 5,9
115,1-2: 16,24
116,2: 17,28
117,22: 23,43
148,5: 17,28

Provérbios
1,19-21: 14,20

Eclesiástico
3,33: 14,22
18,9ss.: 25,48
27,9: 27,55

Isaías
8,1ss.: 19,33
7,14: 22,40
2,1ss.: 27,53
28,16: 23,43
40,6-8: 16,24
45,51: 22,40
49,10: 22,40
53: 22,40; 27,53
53,7: 20,34
56: 27,55
64,4: 2,4

Jeremias
11,19: 20,34
17,5: 25,49
25; 29: 21,37
25,12; 29,10: 21,38
27: 21,37

Daniel
2,6-14: 21,37
2,46-49: 21,37
3,28ss.: 21,37
4,34: 21,37
6,26-28: 21,37
7,27: 22,40

Oseias
1,2ss.: 19,33
6,6: 14,22

Miqueias
4,1ss.: 27,53
5,1: 22,40

Joel
3,1: 27,53

Jonas
3: 19,32

Malaquias
3,6: 25,49

Novo Testamento
Mateus
1,17: 22,39
1,18-25: 22,40
2,1-6: 22,40
2,44-45: 23,42
3,12: 17,26; 27,54
4,4: 14,22
4,34-35: 23,42
7,21-22: 25,48
10,16: 23,43
13,30: 17,26
16,27: 24,45
17,26: 21,37
19,8: 20,35
19,21: 23,42
22,30: 25,47; 27,54
22,37-40: 4,8; 23,41; 27,55
22,40: 4,8
23,15: 14,21
23,37: 10,15
24,14: 27,53
25,26-27: 14,22
25,31-46: 24,45
25,34.41.46: 17,27
28: 22,40
28,18: 23,42

Marcos
1,13: 13,19
7,34-37: 22,40
9,43-48: 25,47
11,12: 22,40
12,25:25,47

Lucas
1,27: 22,40
5,15: 22,40
10,39: 13,19
11,20: 20,35
12,33: 23,42
13,26: 25,48
18,22: 23,42
20,36: 25,47; 27,54
23,34: 23,42
24,27: 4,8

João
1,1-3: 19,33
1,1-5: 26,52
1,3: 22,39
1,7: 25,47
1,13: 17,28
1,14: 20,36
1,17: 3,6
3,16-17: 17,28; 22,39
4,6ss.: 22,40
4,10ss.: 22,40

6,15: 22,40
6,48-51: 22,40
6,67: 16
7,18: 11,16; 24,44; 27,53
13,34: 4,7
14,6: 22,40
15,1ss.: 24,44
15,13: 4,7
17,12: 11,16
18,36-37: 22,40
20,29: 25,47

Atos dos Apóstolos
1,1ss.: 23,41
2,1-11: 23,41
2,37ss.: 23,42
2,38: 27,55
3,17: 23,42
4,4: 23,42
4,32-35: 23,42
5,12-16: 23,41
8,3; 9,1ss.; 13,2ss.: 23,43
17,29: 19,32

1Tessalonicenses

2,7: 10,15

1Coríntios

1,22-25; 23,41

2,9: 17,27; 2,4

3,9: 21,37

5,7-8: 23,41

6,2: 21,37

9,22: 10,15

9,27: 17,26

10,11: 3,6

10,12-13: 25,49

10,13: 27,55

11,7.12: 18,29

12,4ss.: 20,35

12,12: 19,33

12,31-13,13: 8,12

13,12: 2,4

13,13: 4,8

15,51ss.: 27,54

15,53: 25,46

16,1ss.: 23,43

2Coríntios

3,2-3: 20,35

5,7: 25,47

5,13-14: 10,15

7,9-10: 25,48

8,9: 22,40; 23,43

9,7: 2,4; 10,14

11,29: 14,21

12,15: 10,15

Gálatas

3,6: 19,33

3,7: 27,53

3,7-9: 22,39

3,13: 19,32

4,4: 17,28

4,20: 15,23

4,21-26: 20,36

5,11: 20,35

27: 22,39

Romanos
1,3: 20,36
1,20: 12,17; 18,30
1,25: 19,32
1,30: 11,16
2,4: 25,48; 26,50
2,4-5: 11,16
5,2.6: 7,11
5,5: 14,22; 23,41
5,8: 4,7
5,12.19: 26,52
6,4: 20,34
6,4-6: 22,40
6,9: 22,40
8,5: 3,6
8,5ss.: 4,8
8,28: 11,16
8,30: 17,28
8,32: 4,7
9,5: 3,6; 20,36
10,3-4: 3,6
13,1.7: 21,37
13,10: 4,7; 20,35; 22,39
15,4: 3,6

Colossenses
1,16: 17,28; 22,39-40
1,16.18: 19,33
1,17-18: 3,6
2,13-14: 26,52
3,22: 21,37

Efésios
4,15-16: 19,33
6,5: 21,37

Filipenses
2,6-8: 10,15; 22,39
2,7-8: 17,28
3,18: 25,48
3,19: 27,55

Filêmon
1,5-6: 11,16

Tito
1,9: 8,12
2,1: 8,12

1Timóteo
1,5: 3,6; 4,7
2,1-2: 21,37
2,3-6.14: 26,52
2,5: 3,6; 27,55

2Timóteo
1,9: 12,17
2,19: 11,16
4,2: 8,12

Hebreus
4,10: 16,25; 17,27-28
8,8-13: 22,40
9,5: 22,40
11,7: 19,32
11,14-16: 19,33
12,22: 20,36

1Pedro
1,10: 17,28
1,18-19: 14,21
2,21: 10,15
4,10: 1,1

2Pedro
2,5: 10,32
2,12ss.: 25,48
3,9: 19,31

1João
2,17: 26,52
2,19: 11,16
3,16: 4,7
4,9-10: 22,39; 26,52
4,10: 17,28
4,10-19: 4,7-8
4,19: 22,39
5,3: 23,41

Índice analítico*

Abraão, 19,33; 22,39; 27,53.

Adão, 22,39; 26,52.

Alegoria, 9,13; 13,18 (passos alegóricos); 19,32 (*sacramentum*); 21,38 (*figura*). Cf. Símbolo

Alegria, 2,4; 14,22; 23,41 (*delectatio*); 7,11; 12,17 (*gaudium);* 10,14; 12,17; 13,19 (*hilaritas).*

Alma, 2,3; 4,8; 5,9 (*animus);* 9,13 (dignidade da alma); 25,48 *(anima:* dó das almas).

Amizade, 4,7.

Amor *(amor, dilectio),* 2,4; 4,7 – dos amigos, 12,17. – de Cristo, 10,15. – a Deus, de Deus, em Deus, por Deus; retribuição do-, 4,7-8; 5,9; 6,10; 7,11; 11,16; 17,27-28; 27,55.- a Deus e ao próximo,

---

* A numeração remete aos capítulos e a seus parágrafos.

4,8; 23,41; 26,50; 27, 55. – da eternidade, – e desejo da vida eterna dos santos, 26,50; 25,47.
– do Espírito Santo, 14,22. Fim do –, fim soberano do –, 12,17; 6,10; 23,42. – fraterno, materno, paterno, 12,17.
– de mãe, 10,15. – entre superiores e inferiores, 4,7. – à verdade, 9,13. Amores vis, 4,7.

Anjos, 13,19; 17,28; 18,30; 20,36; 25,47; 27,54.

Antigo Testamento, cf. Livros.

Apóstolo, 21,37; 23,43; 26,50 (Paulo).

Apóstolos, 23,42.

Arca de Noé, 19,32; 22,39; 27,53.

Ascensão, cf. Cristo.

Babilônia, 11,16; 21,37-38; 22,39.

Batismo, 20,34. Cf. Sacramento.

Belém, 22,40.

Caridade *(charitas)*, 1,1-2; 4,8; 5,9; 14,20; 15,23. Fim do preceito, 3,6; 4,7. Caminho da –, 8,12. Compreensão da –, 10,15. Estímulo, sentimento da –, 11,6. – para com o próximo, 14,21. Abundância da –, 14,22. – irmã, 20,35; 21,37; 22,39; 23,41.43.

Carnal, 4,8 (temor do castigo); 4,8 (materialistas); 18,29; 22,40. Cf. Cristo, origem.

Carnalmente, segundo a carne, 3,6; 23,42; 26,50.

Carne, 2,4; 3,5; 16,25; 17,27. Purificação da –, 17,28. Libertação da –, 21,38. Descendência da –, 22,39. Cidadãos da 23,42. Cf. Cristo.

Cartago, 1,1; 15,23.

Catecúmeno (*rudis*), 5,9; 10,14; 25,49. – versado nas doutrinas liberais, 8,12. Signação do –, 26,50. Instrução do –, 26,51.

Catequese, 14,22; 26,51. Cf. Instrução.

Catequista, 2,4; 5,9.

Cativeiro, 21,37-38; 22,39.

Católico, 8,12; 13,18 (unidade católica). Cf. Igreja.

Céu, 22,40.

Cidade, cf. Duas Cidades, Jerusalém.

Cisma, 24,44; 27,53. Cf. heresia.

Consciência, 3,6; 16,25.

Conversão, 25,48; 26,50.

Coração (*cor, animus, mens, pectus, spiritus*), 2,3-4; 3,6; 4,8; 5,9; 14,22. Dureza de –, 4,7; 19,33; 20,35; 23,41. – e língua, 6,10. – puro, 9,13. – inquieto, 10,14. – fingido, 17,26; 23,41. Planos no – do homem, 11,16; 12,17; 14,20. Um só – em Deus, 23,42.

Cordeiro, 20,34; 23,41. Cf. Páscoa.

Cristão, 1,1; 5,9; 6,10; 7,11; 14,21; 16,24-25; 17,26-27. Falsos –, 7,11; 25,48. Nome de –, 17,26. Sinal dos cristãos, 20,34. Dispersão dos cristãos, 23,42. Primeiros cristãos, 24,45. Tentação dos cristãos, 25,48. Desejo de ser –, 26,51. Cf. Escravos.

Cristo, 22,40; 23,41. Ascensão, 27,53. Bênção, 3,6. –, Cabeça da Igreja, 19,33. – Caminho, 7,11. Carne mortal, 26,52. Confirmação em –, 25,46. Corpo de –, 3,6. Crucificação, 22,40; 23,42. Cruz, 4,8; 14,21;

17,27; 19,32. Filho único, 4,7; 17,28; 19,33; 22,39; 26,52. Homem, 22,40. Humildade 19,33. Juiz, 24,45; 25,48. Justificador, 7,11; 27,55. Libertador, 21,38. Mediador, 3,6; 27,55. Morte, 4,7; 10,15; 14,21; 22,40; 23,42; 27,53. Nascimento segundo a carne, 3,6; 19,33; 27,53. Origem carnal, 22,39. Paixão, 19,33; 20,34; 23,41. Pedra Angular, 23,43. Rei, 19,3; 20,36; 22,40; 23,41; 25,49; 27,53. Salvador, 22,39. Sinais de –, 20,35. Verbo do Pai, 17,28; 19,33; 20,36; 26,62. Cf. Ressurreição, Sangue.

Culto, – do nosso Deus, 21,37. – dos ídolos, 23,43.

Davi, 20,36; 21,38; 22,39.
Demônio, 16,25; 19,32-33. Cf. Diabo.

Deus, 2,4; 3,6; 4,7-8. Amor e adoração de –, 22,39; 25,49; 27,55. Autor e Criador, 12,17; 17,28; 8,29-30; 19,32; 25,46. Bondade de –, 4,7; 18,30. Caminho de –, 25,49. Campo de –, edifício de –, 21,37-38. Causa de arrebatamento e sobriedade, 10,15. Corpo de –, 3,6. Dedo de –, 20,35; 23,41. Descanso em –, 17,27-28. Fundamento de –, 11,16. Graças a –, 16,24. Honra a –, 17,26. Humildade de –, 4,8; 19,33; Igualdade de –, 10,15. Inimigos de –, 11,16. Invencível, 25,49. Invocação a–, 9,13; 25,48. – Juiz, 16,25. Justiça de –, 25,46. – Legislador justo e misericordioso, 22,39. Lei de –, 18,30. Louvor de –, 12,17; 18,30. Misericórdia de –,

2,4; 5,9; 26,52. Obra
de –, 19,32. Olhar de –,
15,23. Onipotência de –,
25,46. Ouvidos de –,
9,13. Paciência de –,
7,11; 11,16; 19,31;
25,48; 26,50. Paz de –,
12,17; 14,20. Poder
de –, 14,20. Professor,
12,17. Provação de –,
11,6. Reino de –,
19,31. Remédio de –,
11,6. Sacrifício digno
de Deus, 14,22. Temor
de –, 17,26. – único
e verdadeiro, 21,37;
22,39. Veneração a –,
17,26; 23,43. Vontade
de –, 14,20. Voz de –,
7,11; 11,16. Cf. Espírito
Santo, Glória, Ira, Lei,
Povo, Reino.

Diabo, 17,27; 18,30;
19,31-33; 20,36; 24,45.
Forças do mal, 4,7.
Tentações, 7,11; 13,18;
17,27; 25,48-49; 27,55.
Imitação do – 11,16.

Cuidado com o Inimigo,
25,48. Cessão ao –,
25,49.

Diácono, 1.

Dilúvio, 19,32; 20,34;
22,39; 27,53.

Discípulos, 23,41.

Doutrina, 1,1; 5,9; 8,12;
12,17; 21,37; 23,43;
24,44.

Duas Cidades, 19,31;
21,37; 24,45.

Egípcios, 20,34.

Egito, 20,34.

Esaú, 3,6.

Escolas de gramáticos,
9,13.

Escravos cristãos, 21,37.

Escritura(s), cf. Livros.

Esperança, 4,7; 7,11;
16,24; 17,26; 25,49;
27,55.

Espetáculos, 16,25; 25,49.

Espírito, intelecção,
inteligência (*spiritus*,

animus, mens), 2,3; 3,5; 5,9; 6,10; 8,12; 10,14-15; 13,19; 14,21-22.

Espírito Santo, 1,1; 17,28; 19,33; 20,35; 23,41; 27,55. Cf. Pentecostes.

Estipendiários provinciais, 23,43.

Eternidade, início e fim dos tempos, idades, 3,6; 17,28; 19,31; 21,38; 22,39. Dores eternas, 25,46. Esperança da vida eterna, 27,55. Felicidade eterna, 17,26. Herança eterna, 22,40. Libertação das penas eternas, vida eterna, 26,52. Louvor eterno, 25,47. Penas e prêmios eternos, 18,30; 27,55. Tormentos, 24,45; 25,47. Vida futura, 22,39; 26,50.

Evangelho, Novo Testamento, cf. Livros.

Fé, 1,1; 2,4; 3,6; 5,9. Unidade da –, 8,12. Vida da –, 12,17. Imitação da –, 19,33; 22,39; 23,41. Verdade da –, 24,44. Edificação pela –, 24,45; 27,53. – firme, palavras de –, méritos da –, 25,47. Confirmação da –, 25,48. Abandono da –, 25,49.

Fiéis, 4,8; 7,11; 14,22; 19,33; 20,34; 21,37; 27,54.

Figura (*figura*), 22,40.

Gentios, 7,11; 21,38; 22,39; 23,43.

Glória, 18,29; 19,31. – ao Criador, 18,30. – de Deus, 18,29; 19,31. – dos homens, 11,16; 16,24; 24,44; 27,53.

Graça, – espiritual, 22,39. – de Deus, 22,40.

Herança, cf. Eternidade.

Hereges, 7,11; 8,12. Heréticos e cismáticos, 25,48; 27,55.

Heresia(s). 8,12; 24,44; 26,53.

Homem, imagem de Deus, 18,29; 22,39; Livre-arbítrio, 18,30. – pecador, 18,30.

Humildade, 4,8; 8,12; 9,13; 15,23; 17,28; 18,30; 25,49; 27,55.

Igreja, 1,2; 3,5-6; 6,10; 7,11; tempos atuais da –, 6,10. – universal, 8,12. Chefes e ministros da –, 9,13; 13,19. – de Deus, 14,21; 16,26; 17,25; 27,53. Palhas da –, 17,26; 19,31; 25,48; 27,54. – futura, 19,32-33; 27,53. – de Cristo, 21,37.
– atormentada, 24,44. Paciência da –, 24,44; 26,54. – Tolerância da –, 25, Desenvolvimento da –, 27,48. Costume da –, 26,50.53. Pecadores na própria –, 27,55.

Igrejas, 13,19; 23,43; 25,48. Cf. Judeia.

Imagem, 19,32 (*figmentum*); 19,33 (*simulacrum*); 20,36 (*imago*).

Imortalidade, 18,30.

Ímpios, 7,11; 17,26.28; 19,31. Gente ímpia, 20,34. Separação dos – 24,45; 27,54. Artes ímpias, 25,48.

Incorruptibilidade, 25,46; 27,54.

Inferno, 14,21. Geena, 17,27.

Infiéis, 7,11.

Iníquos, arrogância, orgulho, 4,8; 16,24-25; 19,31.33. Respeito humano, 13,18. Benefícios e vantagens temporais e visíveis, 16,25; 17,26; 19,33. Prêmios visíveis e carnais, 22, 39-40. Bens temporais, 23,42.

173

Instrução, 2,4; 3,5-6; 7,11; 13,18; 15,23; 16,24. – catequética, 1,1. Exortação, 1,1; 2,4. – dos catecúmenos, 1,1; 2,4; 11,16; 14,20. Cf. Narração.

Ira, 2,3; 11,16; 25,48.

Irmão(s), 1,1-2; 4,7; 13,19; 16,24; 25,46-47; 26,52.

Jacó, 3,6.

Jardins, 21,37.

Jeremias, 21,37-38.

Jerusalém, 21,37-38; 23,41. – celeste, 7,11; 19,33; 20,36; 21,37. – cativa, 11,16; 21,37. – Cidade de Deus, 20,36. Cidade santa, 19,33; 25,47; 26,50. Templo de –, 21,38.

Judeia, 22,40. Igrejas da –, 23,43.

Judeus, 7,11; 21,38; 23,41-42; 27,55. – carnais, 23,42-43. Conversão dos –, 23,42. Tentações por meio dos judeus, 25,48. Cf. Povo de Israel.

Juízo final, 7,11; 13,18; 21,37. Dia do –, dia da cólera e da revelação, 11,16; 19,31; 24,45; 25,48; 27,54. Exemplo do –, 19,32.

Justiça, frutos da –, 16,25.

Justificação, 25,49.

Justificar, ser justificado, 7,1; 17,28; 27,55.

Justos, 7,11; 17,27-28; 19,33; 20,34. Tribulações dos –, 27,54. Cf. Reino, Santos.

Lei, 3,6; 4,7-8; 20,35; 22,39. Promulgação da –, 20,35. Decálogo, 23,41. Tábuas da –, 23,41. Resumo da –, 27,55.

Lenho, 19,32; 20,34. – da Cruz, 27,53.

Libertador, 20,34. Cf.
   Cristo.
Língua, 2,3.
Livro(s), obras de letras,
   3,5; 4,8. – divinos,
   4,8; 7,11. – cristãos,
   8,12. – canônicos, 8,12;
   26,50. – santos, 13,18;
   20,36. – antigos, 22,39;
   24,45. Escritura(s), 3,5;
   4,8; 6,10; 7,11; 8,12;
   9,13; 16,24; 17,28;
   18,30; 22,40; 24,45;
   26,50. *Pentateuco,* 3,6.
   Salmos, 21,38. Novo
   Testamento, *Evangelho,*
   3,5; 4,8; 20,35; 22,39-
   40; 23,41-43; 25,48.
   Atos dos Apóstolos, 3,5.
   Tradição, 4,8.

Mandamento(s),
   preceito, 1,1; 3,6; 4,7;
   7,11; 16,25; 18,30.
   Transgressão do – 26,52.
   Os dois –, 4,8; 23,41;
   27,55.

Manifestação, 4,8; 22,39.
Marca (*signum*), 20,35.
   Cf. Sacramento.
Mar Vermelho, 20,34.
Milagre, prodígio, 6,10;
   20,34; 21,37; 23,42;
   24,45; 27,53.
Misericórdia, 4,7; 11,16;
   25,48. Obras de –,
   11,16; 14,22; 27,55. Cf.
   Deus, misericórdia de –
Mistério, 9,13; 19,33.
Moisés, 20,34.
Mortalidade, 18,30.
Mulher, 18,29; 26,52.
Multidão, 15,23; 19,31. –
   carnal, 19,33. – profana,
   20,35.

Narração, 1,1; 2,4; 3,5;
   4,8; 6,10; 13,18.
Nínive, 19,32.
Noé, 22,39. Cf. Arca.
Novo Testamento, cf.
   Livros.

Ouvinte(s), 2,3; 3,5; 7,11.
    Imobilidade do –, 10,14.
    Distração do –, 10,15.
    Sentimentos dos –,
    11,16. Apatia do –,
    13,18. Cansaço do 13,19.
    – em pé, 13,19; 15,23.

Pagãos, 7,11; 25,48;
    27,55.
Paraíso, 18,30.
Páscoa, 20,34; 23,41.
Patriarcas, 3,6; 19,33;
    22,39-40.
Paulo, 21,37; 23,43.
Paz, 21,27-38.
Pedro, 23,41.
Penas temporais, 19,33;
    24,45.
Penitência, 11,16; 19,31-
    32; 25,48; 26,50.
Pentecostes, 27,53.
Perseguição, – da Igreja,
    21,37; 23,43. – dos
    apóstolos, 23,42. – dos
    cristãos, 23.42; 25,49.

Piedade, 21,37.
Pios, 24,45.
Povo, 13,19; 15,23. – de
    Deus, – eleito, – de
    Israel, – judeus, 3,6;
    19,33; 20,34.36; 22,39.
    – carnal, 22,40; 23,41.
    – que adoraria um Deus
    único, 27,53.
Povos, 3,6; 19,33; 22,39;
    23,41. – que adoravam
    ídolos, 27,53.
Prefiguração, 3,6; 20,36.
Prefigurar, 17,28; 21,38.
Pregação *(praedicatio)*, 2,3;
    12,17. Cf. Sermão.
Prenunciar, 17,28.
Prodígios *(signa)*, 23,42.
Profecia(s), 17,28; 19,33;
    20,34; 21,38; 24,44;
    27,53-54.
Profetas, 3,6; 4,8; 19,32-
    33; 21,37-38; 22,39-40;
    23,41.43; 27,53.
Próximo, 4,8; 26,50.

Raça, 27,53.

Reino, – dos justos, 7,11. – eterno, 17.27. – dos Céus, 25,48; 27,55. – sempiterno, 22,40. – da terra, 23,42.

Reis da terra, 27,53.

Remissão dos pecados, 26,52.

Repouso futuro, 16,24-25; 17,26-27; 19,33.

Ressurreição, – do corpo, 7,11; 24,45; 25,46. – dos mortos, 27,54. – do Senhor, 22,40; 23,41-42.

Revelação, sinal divino, 7,10.

Rito, 20,35; 26,50.

Romanos, 21,38.

Sacramentos, participação dos –, 8,12; 9,13; 13,19. Primeiros –, 13,19; 26.50.

Sal, bênção do –, 26,50.

Sangue, – do Cordeiro, 20,34; 23,41. – dos mártires, 24,44. – de Cristo, 14,21; 23,42.

Santos, 3,6; 17,28; 18,30; 19,31-33; 20,35; 21,37. Espíritos santificados, 20,36. Felicidade prometida aos –, 26,52. Martírio dos –, 27,53. Costumes –, 26,50. Cf. Milagres.

Segredo, 3,6; 9,13; 25,46.

Senhor, generosidade, tesouros, riqueza, 1,2; 14,22. Advento do –, 3,6; 4,7-8; 20,36. Mandamentos, desígnios, palavra do –, 4,8; 14,20.22; 16,24. Aviso do –, 6,10. Eira do –, 7,11; 17,26. Exemplo do –, 10,15; 11,16; 23,41-42. O – e Maria Madalena, 13,19. Aspereza, paciência, confiança, nome, promessa, 16,25; 23,42; 24,45; 25,49; 27,54.

– Pai 16,25. Nascimento do –, 19,33.

Sermão (*sermo*), discurso, 1,1; 2,3-4. Preleção menos agradável, razões da pobreza do –, 10,14. Exemplo de –, 10,14; 15,23; 21,37; 26,51-27,55. – mais suave, mais breve, 13,18-19. – mais agradável, mais ardente, 14,21. Desenvolvimento do –, 15,23.

Servo(s), 14,22; 20,34. – de Deus, 27,53. Tentação dos –, 27,55.

Signacula "sinais das coisas divinas", 26,50.

Significar, significado espiritual, 26,50.

Signum, simbolizar, 19,33; 21,37.

Sinal, 20,36.

Simbolismo da futura Igreja, 27,53.

Símbolo, 19,32; 20,34 *(sacramentum)*; 20,34 *(signum);* 21,37 *(typum)*.

Símbolos, trevas, 2,4. Dignidade e poder da cabeça, bênção da mão aberta de Cristo, 3,6. Feno, flor do feno, 14,22; 16,24. Fogo, fogo merecido, 14,22; 17,26-27; 27,54. Fonte, fonte da sabedoria, 14,22; 22,40; 27,55. Trigo, 19,31. Mão, 19,33. Cf. Lenho.

Terra da Promissão, 20,36; 21,38.

Trabalho, organização do –, 10,14; 14,20.

Trindade, 25,47. Igualdade da –, 27,55.

Verbo, cf. Cristo.
Videira, 24,44.
Vinhas, 21,37.
Virgem, 22,40; 27,53.

Índice sistemático

Sumário, 5

Prefácio, 7

Introdução, 11

Bibliografia, 31

Glossário, 33

Texto – A instrução dos catecúmenos, 47

  Parte I

    Capítulo I

      Razão da obra: *A instrução dos catecúmenos* resulta do pedido de um diácono cartaginês, 48

Capítulo II

A exposição que agrada ao ouvinte pode desagradar ao expositor. O que preside a um diálogo deve falar sem enfado, e alegremente, 50

Capítulo III

A narração plena que deve ser apresentada ao catequizando, 55

A meta é a caridade. As antigas escrituras e o advento de Cristo, cujo fim é o amor, 57

Capítulo IV

A causa precípua do advento de Cristo, exaltação do amor, 59

Tudo o que, na instrução religiosa, a partir das escrituras, se conta a respeito de Cristo deve reportar-se ao amor, 62

Capítulo V

O novato deve ser interrogado sobre o fim pelo qual deseja tornar-se cristão, 65

Capítulo VI

Exórdio da instrução e narração: da criação do mundo ao tempo atual da Igreja, 67

Capítulo VII

A Ressurreição, o Juízo. Alguns preceitos, 69

Capítulo VIII

A catequese dos eruditos, 72

Capítulo IX

Os gramáticos e oradores. A voz para os ouvidos de Deus é o sentimento da alma, 75

Capítulo X

Como conseguir a alegria. Seis causas de enfado para o catequista, 78

Remédio contra a primeira causa do enfado, 81

Capítulo XI

Remédio contra a segunda causa do enfado, 83

Capítulo XII

Remédio contra a terceira causa do enfado, 87

Capítulo XIII

Remédio contra a quarta causa do enfado, 89

Como despertar o ouvinte cansado de ouvir ou de permanecer de pé. O costume, adotado em algumas igrejas, de ouvir sentado a Palavra de Deus, 90

Capítulo XIV

Remédio contra a quinta causa do enfado, 93

Remédio contra a sexta causa do enfado, 95

Novamente a sexta causa, 96

Parte II

Capítulo XV

A forma da mensagem deve variar de acordo com a diversidade dos destinatários, 98

Capítulo XVI

Exemplo de preleção catequética. Exórdio conduzido a partir do propósito louvável de aceitar a religião cristã em vista do futuro descanso. O descanso não deve ser procurado nos bens instáveis – nem nas riquezas nem nas honras, 101

Os que procuram o descanso nos prazeres da carne e nos espetáculos, 103

Capítulo XVII

Deve ser repreendido o que deseja ser cristão visando a obter vantagens temporais, 106

É verdadeiramente cristão o que professa a religião com vistas ao repouso futuro, 107

Narrem-se os fatos que devem ser aceitos como verdadeiros, 108

Por que se fez homem o Filho de Deus, 109

Capítulo XVIII

O que se deve crer a respeito da criação do homem e de todos os seres, 110

O homem colocado no paraíso. – Por que o criou Deus, sabendo que haveria de pecar. – A queda do homem e do anjo absolutamente não desserviu a Deus, 111

Capítulo XIX

A separação final dos bons e dos maus na Igreja. As duas cidades que existem desde o início do gênero humano, 114

O dilúvio e a arca – a alegoria, 116

Abraão e o povo de Israel (suas palavras e atos foram profecia), 117

Capítulo XX

A servidão dos israelitas no Egito. A libertação e o caminho através do Mar Vermelho. O símbolo do batismo. A imolação do cordeiro – figura da paixão de Cristo, 120

A Lei escrita pelo dedo de Deus, 121

Jerusalém – Imagem da Cidade celeste, 123

Capítulo XXI

O cativeiro da Babilônia e os fatos que aí têm um significado, 124

Após o cativeiro da Babilônia, a liberdade, 128

Capítulo XXII

As seis idades do mundo. A sexta idade – A partir do advento de Cristo, 129

Cristo manifesta o Novo Testamento da herança eterna e ensina, pelo exemplo, o desprezo dos bens terrenos, 131

Nascimento, vida e morte de Cristo, 132

Capítulo XXIII

O Espírito Santo é enviado no quinquagésimo dia após a Ressurreição de Cristo, 134

Inflamados pelo desejo da vida evangélica, muitos judeus são convertidos pela pregação dos apóstolos, 136

As Igrejas estabelecidas por Paulo entre os gentios, 137

Capítulo XXIV

A Igreja – tal como a videira – germina e
é podada, 138

As profecias que se cumprem – a fé nas que faltam
cumprir-se. O Juízo Final, 139

Capítulo XXV

É preciso crer na Ressurreição. Morte perpétua em
meio aos tormentos, 141

A vida eterna dos santos, 142

É preciso precaver-se não só contra os pagãos, os
judeus e os hereges, mas também contra os maus
cristãos, 144

Associar-se aos bons, mas não depositar neles a sua
esperança, 147

Capítulo XXVI

A iniciação dos catecúmenos, com a explicação
dos símbolos. Quando deve ser mais breve o
comentário, 148

Uma exposição mais breve, 150

O Filho de Deus foi enviado para que fôssemos
libertados da morte que entrou através de Adão, 150

Capítulo XVII

Cumprem-se na Igreja as profecias do Antigo Testamento, 152

Firma-se a fé nas profecias que faltam cumprir-se: O juízo final e a ressurreição, 154

É preciso precaver-se contra as tentações que se encontram na própria Igreja. – A sociedade com os bons. – Toda a esperança em Deus, 155

Índice escriturístico, 159

Índice analítico, 167

CLÁSSICOS DA INICIAÇÃO CRISTÃ

Veja outros títulos da coleção em

livrariavozes.com.br/colecoes/classicos-da-iniciacao-crista

ou pelo Qr Code

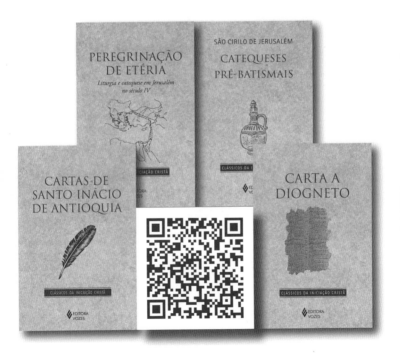

Conecte-se conosco:

f facebook.com/editoravozes

◉ @editoravozes

𝕏 @editora_vozes

▶ youtube.com/editoravozes

◉ +55 24 2233-9033

www.vozes.com.br

Conheça nossas lojas:

www.livrariavozes.com.br

Belo Horizonte – Brasília – Campinas – Cuiabá – Curitiba
Fortaleza – Juiz de Fora – Petrópolis – Recife – São Paulo

EDITORA VOZES LTDA.
Rua Frei Luís, 100 – Centro – Cep 25689-900 – Petrópolis, RJ
Tel.: (24) 2233-9000 – E-mail: vendas@vozes.com.br